21stCJ

National Congress for the 21st Century Japan

政治の構造改革

政治主導確立大綱

新しい日本をつくる国民会議（21世紀臨調）編

東信堂

はじめに――発刊にあたって

小泉首相の進める「聖域なき構造改革」が正念場を迎える中で、政策を決める政治のプロセスや仕組みそのものが真の構造改革の対象として再認識されるようになりました。

ことに、首相を中心とする内閣は本来どのような運営がなされるべきであり、その際、「与党」という存在ないしわが国独特の「与党審査」という慣行をどのように考えるべきかが、現実政治の行方をも左右する最大の争点として浮上しています。

またそもそも、国民の求める政治主導とはいかなるものなのか。政治家と官僚との関係は本来どうあるべきであり、政治家は何をし、あるいは何をしてはならないのかが、改めて厳しく問われています。

新しい日本をつくる国民会議(21世紀臨調　亀井正夫会長)は昨年十一月、「首相主導を支える政治構造改革のありかた――与党審査の見直しと内閣、与党、国会の再構築」と題する提言を公表しました。本書はこの提言を多くの方々にご理解いただけるよう最小限必要な補足的な説明を加えたうえで収録しています。また、今回私たちが提言を公表するに至った経緯や考え方をご理解いただくために、前回の衆議院総選挙から今回の提言までに公表した過去四つの提言も当時の表現のまま収録することにしました。

さらに本書では、21世紀臨調の提言のみならず、私たちの提言と同時期に公表された衆議院議長諮問の「衆議院改革に関する調査会」の答申、昨年十二月二十六日に公表された自民党国家戦略本部・国家ビジョン策定委員会の基本方針案も収録しています。また、いまから四年前、民主党が政権を獲得した際の内閣運営の指針としてとりまとめられた民主党政権運営委員会の報告書も収録しています。

経済の危機が叫ばれるなか、どのような種類の改革であれ、政治の改革なくしては一歩も前には進まないこと、裏返せば、さまざまな改革の行方に立ち塞がっているものが、実は日本政治の体質そのものであるという事実を、多くの国民が改めて知ることとなりました。

本書に収められた提言は、それぞれ力点や立場は異なるものの、日本政治の現状に対する強い危機感を共有しています。そして、責任ある政治主導体制を構築し、選挙で示された国民の選択を意義あるものとするためには、いま何をなすべきかという明確な問題意識によって貫かれています。

それはたんに内閣と与党との関係にとどまりません。選挙のあり方に始まり、政党や国会のあり方を含め、そもそもわが国では議院内閣制という政治の仕組みがどのように理解され、あるいは運用されてきたのかが、わが国の政治の実態に照らし批判的に検証され、国民の選択を意義あるものとするための包括的な改革構想が提唱されています。

この意味で、これらの提言は真に求められる政治主導体制の確立に向けて、改革の志を同じくする方々が立場を超えてともに連帯し、新しい政治を切り拓くための一つの道筋を示すものであり、日本政治の現状を憂う多くの方々にお読みいただけることを願ってやみません。

平成十四年二月八日

新しい日本をつくる国民会議

目次／政治の構造改革——政治主導確立大綱

統一手段に純化
・法案の性格により軽重をつけ、党綱領、選挙公約以外は対象外
第四　議員と官僚との関係の正常化……………………100
・仲介、斡旋のための議員と官僚との接触の禁止
・官僚が個々の議員個人と接触した場合の報告義務
・上記を閣議で申し合わせると同時に与党側でも決議
第五　「内閣主導」から「首相主導」へ……………………101
・閣議の実質化
・政治任用職その他の特別職職員の定数の弾力化
・高級官僚の人事管理権を首相に
・内閣官房・内閣府を首相の補佐機構に再編
・各党のシンクタンクの創設

第三部 21世紀臨調「選挙における国民の選択と政治主導」……105

第一部　日本政治の根本問題

政治の改革なくして政治主導なし

政治学者　佐々木　毅

政治主導という言葉は早くも手垢がついたようになってしまった。その最大の原因は「政治の改革なくして政治主導なし」ということが政治家や国民によって十分に認識されていなかったことにある。

政治主導は選挙から政策の実行に至るまで国民にとって理解しやすい形で仕組み全体が動くようになっていること、政治家や政党、首相などはすべてこの仕組みを動かすための道具立てだということが理解されていることを前提とする。政治主導とは政治家たちの集団的政策遂行能力をシステムの確立を通して実現することであり、個々の政治家たちの発言力が単純に大きくなるということとはほとんど関係がないのである。

政治の改革は選挙制度・政治資金制度改革に見られるように、この十年余りの諸改革の中で最も早く始まった。これら諸改革は官僚制を骨格として動いてきた戦後体制の有効性が失われたという認識から出発するものであった。これらの諸改革の担い手は究極的には政治であり、この間、政治の責任はますます大きくなった。いまや政治は目先の利害調整に満足するのでなく、広く構造改革に取り組まざるを得なくなった。小泉政権の掲げる「聖域なき構造改革」という言葉はその端的な表現である。

この政治の責任の重さを表現したのが「官主導から政治主導へ」というキャッチ・フレーズである。官主導体制が構造問題の根幹である以上それに依存するのではなく、そのあり方を改革することが政治の課題になったのである。これはかつての族議員政治といったものとは明らかに質的に異なる政治の役割を問うものである。つまり、政治に問われるのは国民に約束した政策を実行する統治能力であり、政治主導は煎じ詰めれば、政策面での「体系性」と「計画性」を可能な限り実現し、政治の戦略性を高めることに尽きる(官主導体制にはこうした統合機能が基本的に欠如していることは「縦割り」批判に明らかである)。それはこれまでの政治や行政の慣行の抜本的な見直しを求めるものであった。

政治主導という概念は政策面でいえば、内閣と与党との一体的な運営を意味する。しかし、日本では党主導という言葉があるように、政府の頂点をなす内閣と与党という、あたかも二重の政策決定の機関があるような状態を呈してきた。こうした現実が出てきた原因を探っていくと一つは官主導体制に行きあたる。すなわち、内閣は事実上官僚制の支配下にあり、与党は国民を代表してこれに対してもの申す役割を持っているという考えである。

その結果、与党は自ら支持し組織した内閣に対して政策面で異議を申し立て、あるいは党内の実力者が政府の活動に（公的権限がないにもかかわらず）介入を試みたりもした。また他方で与党主導は、族議員と官僚とが結託して首相などのリーダーシップを掣肘《せいちゅう》する形でも現れた。この狭間で慢性的に弱体化したのが内閣であった。与党は大臣の頻繁な交代要求などとあわせて内閣の無力化を推進してきたし、その結果、政治のリーダーシップは広く拡散し、政策面での集中管理体制とは程遠い状態をもたらした。

与党主導およびそれと一体をなす政治家主導を政治主導だとする伝統的な立場

は現在深刻な危機に直面している。なによりもまず、国民はこうした党内政治優先の政治手法に強い拒否感を示し、明白な責任にもとづくリーダーシップを政治に求めている。そこには、政治主導とは「首相を中心とした」内閣主導であるという認識の高まりが見られる。さらには首相公選制への関心に見られるように、政党政治そのものが飽きられる傾向さえ見られる。

小泉政権はこれまでの政党政治の統治能力に対する国民の深刻な不信が特定の政治家に対する期待となって現れたものにほかならない。実際、個々の与党議員たちが自由に自らの利害にもとづいて政策的発言をおこない、個別的に政策を決定していけば合理的な改革が実現するといった予定調和を信ずる国民はいなくなった。それよりは一人の政治家に改革の舵取りをゆだねる方が合理的であるという判断が小泉政権に対する高い支持率の背後にあると考えられよう。

こうした中で、与党が事前に承認しない政策案件は基本的に国会の場で審議されないといった政治慣行は急速にその説得性を失いつつある。公的責任を負わない人々が巨大な権力を行使する仕組みは不明朗と映っても仕方がないし、しかも、その政策の合理性に対する疑いが深まるにつれて、政治主導を与党主導や政治家主導と読み替えることは政治主導の自殺につながるという認識が高まりつつある。

政党政治の基軸は与党と野党との対決にある。この対決はそれぞれがどのような政策を志向するかについての十分な情報が提供され、それにもとづいて国民が判断できることを前提にしている。したがって、それぞれの陣営の政策的意思表示が一つにまとまっていなければならない。

その意味でいえば、首相と与党が内輪揉めを繰り返すということは国民に合理的な判断材料を与えることを怠っていることであり、政権を担う勢力の責任は野党よりも遥かに重大である。内輪揉めを克服して的確な判断材料を国民に示す責任があり、与党事前審査などといった内輪の慣行をすべてに優先させることは到底許されないであろう。また、首相は与党の態度に不信を抱くならば内閣の信任を進んで国会に求めるべきであろうし、与党が首相を信用できないのであれば首相を堂々と交代させるべきであろう。そのどちらもおこなわないで内輪の政治ゲームを続けるのは民主政治の政治作法に反するものである。

最初にも述べたように、民主政治の基本的な作法は、政権ができるだけ国民に透明な形で政策実行を担い、それによって責任ある政治を実現することにある。そして、首相も政党も、政治家たちも、しょせんそのための道具立てに過ぎないし、そこには明確なシステムがなければならない。しかし、誰が責任をもって物事を決定するのかが曖昧になり、このシステムが目茶苦茶になれば、国民はこうした道具立てやそのシステムを信じなくなり、特定の政治家にすべての、そして過大な期待をかけることになるかも知れない。しかし、これもまたなかなかに危うい選択である。

国民の活力を再創出するために

国際基督教大学教授　西尾　勝

戦後改革においては、憲法改正で国民主権制・議院内閣制・違憲立法審査制・地方自治制などの新しい制度原理を確立する政治構造の諸改革がおこなわれたことに加え、財閥の解体、労働基本権の確立、農地改革、家制度の解体、両性の平等化、義務教育年限の延長などの経済・社会構造の諸改革が併せ実施された。そして、これらの政治、経済、社会の構造改革によって生み出された新たな国民の活力が戦後復興とその後の高度経済成長を支えてきたように思われる。

しかしながら、一九八〇年代以降、日本社会はこれらの活力を徐々に消耗し尽くし、九〇年代以降には明らかに停滞期に入っている。日本経済の惨状や国・地方を通ずる財政破綻の深刻さからみて、この停滞期はこれから少なくとも十数年続くのではないかと推測される。いままさに開花し始めているのは両性の平等化によって解放された女性の活力のみである。日本社会が再び上昇気流に乗るためには、この停滞期を改革の好機ととらえ、ここで改めて、新たな国民の活力を再創出するような経済・社会構造の諸改革を成し遂げる必要がある。

だが、この種の経済・社会構造の諸改革は強い抵抗に遭遇せざるを得ない。これまでの経済・社会構造のもとで富を蓄積した人々、地位を築いた人々、権力を獲得した人々、名誉を得た人々の目には、この種の構造改革は自らの拠って立つ基盤を崩壊させるものと映るからである。

そこで、この種の抵抗を乗り越えて経済・社会構造の諸改革を断行していくためには、それなりに強力な政治指導体制を確立することが不可欠である。そして、この強力な政治指導体制をあくまで大衆民主制の枠内で実現するためには、何よりもまず、各政党が日本社会がこれから向かうべき道筋を明示した詳細な政策綱領を掲げて総選挙を戦い、この総選挙で国民の多数の支持を獲得した政党による内閣が、その政治的正統性を背景にしてその政策綱領の実施に邁進するようにしなければならない。

ところが、戦後改革によって確立されたはずの議院内閣制も地方自治制も新憲法に掲げられた諸原理に忠実なものになっておらず、この国の政治指導体制はいまなおきわめて弱体なものにとどまっている。これは、憲法改正にもかかわらず、戦後の国会法、内閣法、地方自治法等の基本法制に定められた新制度とその運用の慣行に戦前の議会・内閣・官僚機構の関係や国・地方の関係が無反省にそのまま継承されている側面が少なくないためである。

要するに、経済・社会構造の諸改革を断行するためには、その前提条件として政治構造の諸改革が推進されなければならないのである。

一九八〇年代末に発覚したリクルート事件に端を発した政治改革の流れは、まず金のかからない選挙、政策を争う政党中心の選挙の実現をめざして衆議院議員選挙制度を従前の中選挙区制から小選挙区比例代表並立制にあらためる選挙制度改革と政党助成金制度の導入を骨子とする政治資金規正制度の改革から始まったが、それはやがて八〇年代以来の行政改革の流れと合流し、行政手続法・情報公開法の制定、規制緩和や地方分権の推進など政官業の癒着構造にメスを入れる政治構造改革へと徐々に発展してきた。そして、一九九九年に制定された国会審議活性化法では、国会における政府委員制度の廃止、党首討論制度および副大臣・大臣政務官制度の導入など、イギリスの議院内閣制をモデルにした諸改革が実現された。

また、同年にこれと合わせて制定され、二〇〇一年一月から施行された中央省庁等再編関連十七法律では、まず内閣法が改正され、国民主権↓国会↓内閣↓各省大臣↓各省庁が一本の縦糸でつらなる上下の関係にあることを明確にした。これは、これまでの官界に支配的であった国会と内閣とを対等・並立の関係とみる三権分立的な考え方を明確に修正したものであった。

ついで、首相に閣議への発議権を認め、内閣官房を強化し、内閣府を新設してここに経済財政諮問会議をはじめとする新規の合議制諸機関を設置したことは、従前の官僚主導体制を支えてきた「各省大臣の分担管理の原則」の拘束力を緩め、首相を中心とする内閣主導体制を確立する方向をめざした諸改革であった。政治改革の流れは、しだいにその攻撃の矛先を鮮明にし、いまや官僚主導に対する政治主導の確立を公然たる目標に掲げるまでに至っている。

このように、政治改革の流れはその成果を着実に積み上げてきている。しかし、政治改革の前途は遼遠である。このことは現在の小泉内閣による「聖域なき構造改革」をめぐる政治状況をみれば一目瞭然であろう。組閣に際して派閥推薦の大臣任命を排したこと、一内閣一大臣の方針を掲げて与党内の内閣改造要求に応じないことなど評価できる点も少なくないが、首相の指導力は副大臣・大臣政務官の人事にまでは及ばず、大臣と副大臣・大臣政務官が一意同心のチームに編成されていない。

また財政構造改革についてはプライマリー・バランスの回復をめざし、次年度予算における赤字国債の新規発行額を三十兆円以内に抑えることを差し当たりの目標にしたに過ぎないにもかかわらず、この目標を達成するための方策として打ち出された特殊法人改革や医療制度改革は、自民党の政調会・総務会、そして連立与党の強い抵抗に遭遇し、玉虫色の妥協を強いられている。しかも、連立与党三党幹事長会議では衆議院議員選挙区の一部に中選挙区制を復活する方向で検討することが合意されるという始末で、これまでの政治改革の成果を一挙に元の木阿弥にしてしまうおそれさえなしとしない。

官僚主導に対する政治主導の確立が叫ばれているものの、政治主導の意味が政界で的確に理解されているようには見えない。われわれ21世紀臨調は一貫して、政治主導とは「首相を中心とする内閣主導」のことであると主張してきた。これに対して政界には、政治主導とは、地元選挙区をはじめとする支持母体の陳情を官僚機構に仲介斡旋して個別の行政決定に介入することまで含めて、政治家の意向に官僚機構を従わせる「政治家主導」のことと理解している向きもあれば、与党の党機関の意思に内閣を従わせる「与党主導」のことと理解している向きもある。

そして、「聖域なき構造改革」を掲げ、「自民党は変わらなければならない」と唱える小泉首相の登場以来、これに反発する自民党幹部の中には、議院内閣制である以上は首相といえども与党の意向を尊重してもらわなければならないと主張する人々まで現れた。議院内閣制本来の姿とは何かそれ自体が争点になってきたのである。

われわれ21世紀臨調が緊急提言「首相主導を支える政治構造改革のあり方――与党審査の見直しと内閣、政党、国会の再構築」を発表したのは、このような政治状況においてであった。

議院内閣制本来の姿を実現するためには戦後日本における自民党一党支配体制

のもとで形成された政府与党二元体制を克服することが一つの重要な改革課題であることは、これまでにも繰り返し主張してきたところである。だが、内閣への一元化か与党への一元化かが争われる政治状況のもとで、内閣一元を実現するためにはどことどこをどのように改革しなければならないのか、改めて詰めて検討する必要に迫られた。またこの国の国会における会期制および会期不継続の原則、並びに国会議員に対する党議拘束の慣行が国会審議を空洞化させていることも、これまでに幾度となく指摘してきたところであった。

だが、これらの制度または慣行が同時に首相を中心とする内閣主導に対する障害にもなっているとする新たな視点から、これらの制度または慣行の改革方策を改めて再検討してみる必要に迫られたのである。この緊急提言の新しさは、一九六〇年代以降徐々に自民党内に形成された与党審査の政治慣行の改革こそすべてに先立つ核心課題と位置づけ、内閣提出法案の流れにおける内閣と与党と国会という三者の間の一連の関係を抜本的に見直してみたところにある。

それは、この国の議院内閣制の運用が英独などの議院内閣制のそれと比べ、いかに独特の変則的な形態であったかを改めて深く再確認する作業であった。そしてそれはまた、議会審議の活性化を求めた「小沢構想」にも内閣機能の強化をめざした「橋本行革」にも抜け落ちていた視点であった。このわれわれの緊急提言がこれからどの程度の効果を上げるのかわからないが、政治改革の歩みをさらに前進させるために不可欠な次の一歩について、一つの体系的な問題提起をしたものと確信している。

日本社会はいま明治維新と戦後改革に次ぐ「第三の改革」をおこなうべき時期に直面している。そして、この「第三の改革」を達成するためにはその前提条件として政治構造改革が求められている。

改革の前途は遼遠で気は焦るばかりであるが、政治構造改革に即効薬はない。「政治は悪さ加減の選択である」と見きわめた福沢諭吉の言葉を思い起こしながら、一歩一歩地道な改革の努力を着実に積み上げていくほかにない。

与党は権力機構なのか

駿河台大学教授　成田　憲彦

現在の日本政治の最も重要な問題は、憲法に従った統治がおこなわれていないということである。国民が自分たちはどのように統治されているかを知るために、第一に読むべき文献は憲法である。しかし現在の日本政治は、憲法が選択し規定した統治の仕組みからは随分と遠いところに来てしまった。これは統治の正統性に関わる問題である。

その最大のものは、与党という権力機構が形成されていることである。憲法は国会、内閣、裁判所などの日本の権力機構について定めているが、政党についての規定はない。ましてや、内閣に閣僚を出している与党の位置づけ、役割、権限、意思決定手続などについて、憲法は何も定めていない。

しかし、現在はその与党が日本の統治において強大な権力を握っている。例えば大臣たちは実質的に、分担管理の原則によるそれぞれの所管事項についてしか発言権を有していない。しかし、自民党の幹事長や政調会長は、国政のすべてについて発言できる。俗に「幹事長は大臣五人分」などと言われるのは、そのためである。

与党がその権力を最も発揮する場面はいわゆる与党審査である。内閣提出法案その他の内閣の政策が、与党の事前の審査を必要とし、例えば自民党なら総務会の決定を経て自民党の党議となってから初めて閣議決定がおこなわれるのが、与党審査である。与党が了承しないものは閣議決定されず、また、閣議決定に先立って政府と与党の間で完全な意思の調整が終わっているということである。

現在与党審査が問題とされ、小泉総理も内閣への政策の一元化をめざすとされることに対して、自民党などからは「与党審査は議院内閣制の必然だ」という主張がなされている。しかしこれは正しくない。議院内閣制の主要国で与党審査をおこなっているのは日本だけだし、戦後日本国憲法が施行された後、自民党が結成されるまでの間も、与党審査などなかった。

自民党内では、「事前審査がなくなれば、国会の審議過程で修正することになる」という声もあると伝えられている。そうすればいいのである。議院内閣制の他の国ではどこでもそうやっているし、自民党結成前のわが国の昭和二十年代にも、与党が政府案に不満があるときには国会で与党修正や与野党共同修正をやっていた。

自民党内で「与党が修正しては議院内閣制に反することになる」という主張があるのはきわめて大きな誤解である。与党と政府(ないしは内閣)との政策的一致は、政党綱領や選挙綱領あるいは政権綱領までのことであり、個々の法案や政策の細部で意見の相違があることはむしろ当然のことである。政府法案の修正を試みるのは野党の仕事で、それをガードして政府案を守るのが与党の仕事だという主張にも根拠はない。逆に与党がもっぱらそういう役割をやっていることで、国会は空洞化している。

与党は事前審査ではなく、国会の審議手続で修正をおこなうべきだというのには、もっと積極的な意味もある。立憲主義による民主主義のもとでは、与党と言えどもその意思の実現は、あくまでも、憲法的根拠に立ち憲法の手続に従っておこなわなければならないということである。

わが国では、自民党議員に限らずマスコミもあるいは一般国民も、与党は与党であること自体で何か権限が与えられていると考える者が多い。しかし、与党の権限といっても、結局は議員として国会の権限と手続によって法律や予算を原案どおりに、あるいは修正して議決する権限にとどまる。

自民党は「どうせ議員政党なのだから、与党審査も結局その延長線上のことに過ぎない」と言うかも知れない。しかし与党審査は、本部組織においてその手続によっておこなわれており、本部は衆議院議員と参議院議員で構成されているから、両者の協働はそれだけで議院の独立という憲法的原則に反するし、本部の手続は公開の原則や意思決定のルール（例えば憲法は多数決を基本とするが、自民党は全会一致方式である）などとも整合性を持っていない。何よりも、政党本部は院外の組織であり、いくらそこで議論しても院内の審議手続に従って審議したことにはならない。

このへんをいいかげんに考えることは許されない。わが国では、例えば自民党が選挙で勝てば、自民党に信任が与えられたと考える人が多い。しかしその場合の自民党とは何なのか。自民党の本部組織が信任を与えられ、政府の政策過程に介入する権限が与えられたと考えるのは誤りである。

本部組織が候補者を立てていようと、信任を与えられるのはあくまでもその選挙で当選した議員たちであり、そこにこそ、民主主義における選挙の働きがある。その当選した議員たちがその議院で会派という議員グループを結成して、そこで政策を議論したり党議拘束することは、他の議院内閣制の国でも容認されている。しかしわが国のように、あくまでも院外の全国組織である政党本部(例えば自民党でも都道府県連が党首選挙への参加権を持っている)が信任されたと考えるのは、選挙の意味、ひいては民主的な統治の意味を弁《わきま》えていないことになる。

与党審査は、行政権の帰属する内閣とその統轄のもとに立つ行政機関の自律的な意思決定を妨げ、事前に国会外で政府法案の政治的調整を済ませることによって国会を空洞化させるとともに、また党本部による党議によって衆議院と参議院をともに拘束してとくに参議院の存在意義を失わせるなどの弊害も生み出している。

しかし一方で、先進諸国に比べて短い会期と、会期内に議決に到らなかった案件は廃案になるという会期不継続原則（これは憲法ではなく国会法上の原則でしかない）を有するわが国の国会制度のもとでは、確かに与党が事前に政治的調整を済ませていなければ、多数の法案を円滑に処理できないという事情もある。

したがって他の制度はそのままで与党審査のみを廃止するのでは、新たな問題を生じさせかねない。衆参の憲法調査会などで憲法の見直しがおこなわれているが、それ以前に憲法の規定に従い、日本の統治の仕組みを全面的に見直す作業が求められていると思う。

制度としての首相主導──比較の視点から

慶応義塾大学教授　曽根　泰教

日本政治を見るときに、外国人研究者からの指摘が、厳密な比較政治学にのっとってはいないとしても、思わぬところで根本問題を考えるきっかけになることがある。

八〇年代初めにイギリスで日本政治を論じた時に、五五年体制時代の政党別候補者の数と当選者の一覧表をつけておいたことがある。すなわち、五五年以来の選挙で、最大の野党である社会党の候補者は、五八年を除けば議席の過半数に満たなかったことを指摘し、同時に選挙では連立政権構想がないことを述べたら、「それでは、政権を問わない日本の総選挙の意味とは何なのか」と聞かれた。その時以来、「政権を争わない」選挙とは何か、きわめて大きい問題として意識せざるを得なくなった。それが解消されるのは、一九九四年に選挙制度改正がなされた以降である。ちなみに、一九九六年総選挙で最大野党の新進党の候補者が議席の過半数を超え、以来、現在の最大野党の民主党も候補者が議席の過半数を越えている。

また、イギリスの比較政治学者からは、日本とイタリアでは大臣の任期が極端に短いがなぜか、それでリーダーシップを発揮できるのか、ということを聞かれたことがある。実は、日本では大臣の任期は戦前から短いこと、企業でも役職はかなりの頻度で変わるという一般傾向を述べた後、日本では多数の大臣になりたい議員がいるので、短期で回さないと、順番がつかえるということを伝えた。しかし、その答えは、大臣がリーダーシップを発揮できないというものに対する答えではないことは明白である。

日本の議員の役職と出世のパターンをつくり、誰が次には総理大臣になるかを読み、それを政治家のリーダーシップ研究として、オーストラリアで発表したら、「それは官僚研究ではいいが、政治家の研究としてはどうか、また、役職の上昇パターンはリーダーシップを直接表すものではない」という厳しい指摘をうけた。

比較政治学者のA・レイプハルトとの共同論文執筆の時に、日本の選挙制度の特徴を、中選挙区制度として、それを、「プルラリティ・ルール」(最多得票制)であると位置づけたら、「プルラリティ・システムと呼ぶならいいが、プルラリティ・ルールではない」といわれ、「プルラリティ・ルールなら、三議席では有権者が一人三票を持ち、四議席では四票が当然である」とされた。それゆえ、日本の特徴は、SNTV(単記非移譲型)であると位置づけ直すことになった。このときは、衆議院中心の分析であったが、考えてみれば、その当時の参議院全国区も、市町村議会選挙も議席は何十議席でも、一人一票(SNTV)の原則は貫かれていて、それは一九〇〇年以来変わっていないということでもあった。

しかし、外国からの目がおかしなことも、また数多くある。例えば、数年前に、ハーバードにいたときに、日本政治の報告をしたら、中国人(系)の博士課程の学生から、日本の「行政指導」とは、法があっても、それを無視して官僚が何でも実行できることと誤解をしていることが分かり、その誤解を解くのがとても大変であったことがある。おそらく、それまでにアメリカの学者が行政指導をあいまいに教えていたのだと思うのだが、その時同席していた留学中の官僚も必死に反論していたが、一度思い込んだもの（あるいは、中国政治の延長ではそう見えるかもしれないこと）は、なかなか変えるのが難しい。

もう一つの大きな問題は、アメリカ政治では、立法過程は議会に提出された法案を調べることで多くは成り立つが、日本では与党による事前審査のことを考えないと、立法過程の理解はまったく見当はずれになる。アメリカ的な方法論の問題と、事実の把握において多くの間違いがあることを正すのも簡単ではない。もちろん、議会に提出された法案のみを分析しても、なぜ自民党が過半数以上の議席をもっていても、一〇〇％の成立率ではないのかなどの分析は可能であるが、事実上の決定が自民党の部会（例えば、税調）の議論でなされていることを考えないと、議員立法が少ないとか、国会は機能していないとか、国対政治ばかりだとかの通り一遍の議論に陥ってしまう。

現実の政策決定を考えるためには、「与党審査」という過程を組み込んだモデルが必要になるし、制度改革をおこなうのなら、この部分に切り込むことが重要な課題である。そうでないと、見当はずれの「政治主導」か「官僚主導」かという論争を繰り返すことになり、実態の把握からは、遠ざかることになってしまう。

この問題と並んでもう一つ大きい問題は、アメリカの政治学者から、「アメリカでは大統領制についての研究は、この部屋一杯ぐらいある。しかし、日本では制度としての首相はきわめて限られた数しかないのではないか」という指摘があった。たしかに、大統領個人と「制度(office)として」の大統領制は異なる分析対象である。同様に、首相個人(prime minister)と首相という制度(prime minister-ship)は別物である。しかし、わが国の首相をめぐる議論は、伝記を含めて首相個人にもっぱら関心があって、制度として考えることが少ないということは日本政治の根本問題を考える時に重要である。

それゆえ、首相個人の資質の問題が問われると、現行制度の欠陥の解決に向かうより、一気に「首相公選」の議論へと飛んでしまう危険性がある。ちなみに、「比例代表の選挙制度と首相公選の組み合わせは最悪である」というのは、何年も前からイスラエルの政治学者からの警告があった。

与党による事前審査による承認の問題は二〇〇一年に21世紀臨調の提言もあり、「ナショナル・イッシュー」になったが、それをさらに具体化するためには、アジェンダ(政策課題)設定の仕方が重要である。すなわち、首相のリーダーシップの問題ととらえるのか、政策決定の一元性の問題かでは、視点が違ってくる。一方では、首相や内閣のリーダーシップを求める声がありながら、他方では、そのリーダーシップを発揮できないような制度化が今までおこなわれてきた実態を制度的に解消しないと問題の解決にはならない。

例えば、首相が発揮できる人事権をどこまで及ぼすのかが、一つの課題となる。小泉首相の登場により、組閣の時に各派閥からのリストにもとづくという手法は慣行に過ぎず、首相の権限であることが再確認されたが、問題はもう一つの党の方にある。

党の総裁である首相が、自らが進めようとする方針を実行するために、党人事を動かすことができれば、一本筋の通った方針が貫かれることになる。そうでなくて、たんに与党・内閣一元論の下に党が内閣に乗り込むという理解だと、首相の意思とは関係のない部会の代表が閣内の地位を占めるということになる。すなわち、「首相による政策決定の一元化」の発想と、「党による首相の取り込み」という考え方の違いである。

しばしば、「党内民主主義」や「議院内閣制」の理解が、首相および内閣に主張が一元化されることではなく、個別利害の追認を内閣に求めることであるという欠陥を、制度的に補正しておかなければならない。そのことと多様な意見が表明される機会があるべきだということとは別問題である。さらには、国会の場を利用するということは、もっと考慮されていいことではないか。

このような内閣と与党の関係は、通常の「立法府―執行府関係」の問題と割り切ることができない制度的な難問を抱えているのである。内閣と与党の関係は、イギリス的解決が一つの方法であろう。21世紀臨調の提言もその方向にそっているが、あくまでもイギリスの経験は参考であり、具体的な制度改革は自らの発想で進めるべきであるという議論は当然である。

ただし、一般的にいわれる「大統領制は議院内閣制よりもリーダーシップが発揮できる」という誤解だけは解いておくべきであろう。サッチャー首相の例をあげて反論することが多いが、実際には、もっと前からイギリスの首相のリーダーシップは強かった。しかし、サッチャー、ブレア首相と、確実にイギリスの首相の地位は強化されてきた。具体的には、現実の政治をより効果的に動かすために、ポリシー・ユニット（政策室）はじめ強化されてきたものも少なくない。

現在、イギリスでブレア首相に対する批判が出ているが、それは「あまりに大統領的である」というものである。これは、首相の制度化の過程でより強化される方向に進んでいることと、現在、各国の首長はより迅速な決定を迫られ、より役割が大きくなっているという一般的な傾向とがその背景にあるだろう。具体的には、各国ともに首相府の強化の方向に向かっているといえる。

すでに見てきたように、首相や内閣の実態が与党審査との関係で明らかになってくるにつれ、その解決すべきイメージもより明確になってくるだろう。そうなると、選挙、政党、国会、内閣、首相の関係が一本筋の通った原理で貫かれることになるはずで、わかりやすさとは、たんなる明瞭な言葉のことではなく、原理が簡素で一貫しているということにほかならないであろう。そこにこそ、政治改革のめざすべき方向性があるのである。

首相主導による政党政治の再建

政策研究大学院大学教授　飯尾　潤

現在の日本が直面する大きな課題とは何だろうか。危機的な財政状況、低迷したままの景気、国際的競争力の喪失、人口の急速な高齢化など、いずれも容易には解決し得ない課題が山積している。しかもそれらは相互依存的なので、せめて一つでも解決すれば何とかなるというものでもない。

そのうえ、問題解決を阻む「各自が部分的な合理性を追求すると、全体として不合理な状況が生まれる」という均衡が広く観察される。たとえば、貯蓄水準に比して消費水準が低いので景気が悪化しているのに、景気低迷を受けて、ますます個人が消費を控えるという状況も、部分と全体の矛盾の一例である。個人が消費を控えるのはよくないといっても、消費を控える個人からみれば、先行きが不安定な状況で貯蓄に励むのは、それなりに合理的な行動である。しかし全体として、事態は悪化し続け、長期的に見れば各自の利益は損なわれている。

こうした矛盾状況が均衡に達すると、個人や企業が積極的に問題の取り組むインセンティブもなくなるし、たとえ先進的な個人や企業が自分達だけで問題解決に取り組んでも事態打開の見通しはつきにくい。そこで政治の役割が重要になる。なぜなら政治には、たんなる個別利益の積み上げを越えた公益あるいは国益といった別の観点を提示し、それにもとづいて全体的な合理性を追求する機能があったはずだからである。

ところが、近年の日本政治は社会・経済的な面における部分と全体あるいは短気と長期との矛盾を解決できずにいる。それは政治そのものが同様の矛盾状況に陥っているからである。しばしば批判される大臣任期の短さという現象も与党議員のやる気を引き出すためには、できるだけ多くの議員に大臣就任の可能性を開くという意味で、与党内部の観点からみれば合理性を持っていた。

しかし、その結果として実力者を網羅するとは限らないために内閣が空洞化し、省庁の積み上げ式意思決定の追認機関となり、別に与党の政策審議機関が積み上げ式の意思決定を二重におこなうことで、多くの政治家や官僚が決定に参加できるということの裏返しとして、国全体の方向を考える、あるいは長期的観点から国益を追求するという政治の機能が極端に弱体化することになってしまった。

こうした状況から抜け出すためには、個別領域の利害を代表する部分ではなく、全体の利害を代表する部分を強化しなければならない。それが内閣主導あるいは首相主導としての政治主導ということの意味である。

しかし「偉い人」が首相になり「国益を追求する」と宣言すれば問題が解決するのではない。なによりも社会的利害をうまく統合することなしに、何が国益なのかという課題はわからない。そこで改革案を作成する過程に改革のための智恵の幅広い結集が必要となる。

さらに、たとえ課題が鮮明であっても、改革があらかじめ支持されていなければ実施することはできない。なぜならば、改革の中身に広い合意がなければ、実施にあたって「そんな話は聞いていない」という反発や非協力に直面するからである。そして改革への支持を最もうまく集める方法は改革案の作成に幅広い政治参加を求めることである。多くの人々が「改革に参加している」という意識を持ったとき、本当に改革の情熱が出てくる。

その意味で政治参加の経路としての政党の役割は重要である。政党は元来、民間の自発的な政治活動を公式の政治制度へと転化する変換装置であったはずである。その意味で政党政治家は有権者にとってお願いをしたりされたりするだけの「他者」であってはならない。しかも政党は「改革に協力する」のではなく、「改革の主体」でなくてはならない。

つまり、「法案の与党審査の見直し」は政党の役割を否定するものではなく、政権政党が内閣と一体化することによって、むしろ政党を政治の中心におくことにある。「御用聞き政治屋の集合体としての政党」ではなく、「民意を集約し体系的な政策を責任をもって実現しようとする政治家が組織だって行動するための政党」への転換が何よりも求められているのである。

政治改革の到達点と「野党」の課題

名古屋大学教授　後　房雄

政治改革の突破口として一九九四年に小選挙区制（を主体とする並立制）が導入されてからすでに八年になろうとしている。私自身も、「政権交代のある民主主義」の実現が日本政治の当面の中心課題だと考える立場から多少の社会的発言をしてきた。日本の有権者が、二つの本格的な政権選択肢をもち、選挙による政権選択を通じて自らの試行錯誤と責任において自分たちの進路を探り当てていけるような政治システムを実現しておくことは、追い付き型近代化を果たし終えた日本がまぎれもない先進大国として二十一世紀に足を踏み入れるにあたって必須の課題だというのが基本的主張であった。

私自身の民間政治臨調（21世紀臨調の前身となった組織）との関わりは一九九六年

の夏からである。政治改革の突破口としての選挙制度改革は奇跡的に実現したものの、九六年末に予定される新しい制度での初めての総選挙に向けて期待したような政党や政治家の行動変化が一向に生まれてこないというある種の幕間的な混迷期だったように思う。その中で、小選挙区制の本来の趣旨やねらいを有権者、政治家、ジャーナリズムなどに改めて解説することと並んで、小選挙区制型の新しい政党政治像を鮮明にイメージアップすることが緊急の課題となっていた。本書に収録されている諸提言がその産物である。

その際、イギリスの二大政党制が有益なモデルとなったのは当然であるが、私の研究対象であったイタリア政治も様々な示唆を与えてくれたように思う。というのは、完全比例代表制下の戦後イタリア政治は、中選挙区制(準比例代表制)の日本政治と同じく、政権交代の機能しない「閉塞した民主主義」のもとで構造的汚職を深刻化させており、冷戦終結を契機に小選挙区制の導入を突破口にして政権交代メカニズムの導入をめざそうとしていたからである。

政権交代が頻繁な不安定な政治という一般的なイメージとは裏腹に、戦後イタリアではキリスト教民主党を中軸とする連立政権という点ではまったく変化がなく、冷戦の縛りもあって三〇％前後の支持率をもつ共産党も政権政党と認知されずに万年野党と化していた。政権交代メカニズムは機能せず、有権者は「政権選択」という民主主義における核心的な権利を事実上奪われていたのである。

こうした課題の共通性のゆえに、イタリアの「政権交代のある民主主義」への移行過程は、それを主導したのがむしろ野党の共産党（九一年から左翼民主党）であったという点も含めて、日本での同様の移行過程に多くのヒントを与えてくれるものであった。

イタリアでは、九六年四月総選挙において中道左派連合「オリーブの木」がきわどく勝利したことによって、戦後初めての政権交代が起こるとともに左の統治勢力が構築された。そして、二〇〇一年五月総選挙では、今度は中道右派連合「自由の家」が勝利し、政権交代のある民主主義への移行は分水嶺を越えた。

ひるがえって日本の現状をみるならば、九六年総選挙でも二〇〇〇年総選挙でも政権交代は起こらなかったことは周知の通りだが、しかし同時に、政権交代メカニズムが始動するための諸条件はほぼ整っており、あとは画龍点睛を待つだけという状況にあることも事実である。結果的には、二度の総選挙とも自民党が勝利したことによって政権交代メカニズムの始動は持ち越されたままであるが、政権交代の欠如は、もはや構造的なものではなく、条件依存的なものに変容していることは見落とされてはならないポイントである。

実際、戦後一貫して政権交代メカニズムを機能不全にしていた障害はほとんど取り除かれているといってよい。冷戦時代の野党、いわゆる戦後革新勢力は民主主義と市場経済という西側社会の基本的前提に関して国民の信頼を得られず政権選択肢たり得なかったが、冷戦終結によって国内冷戦構造も消滅し、社会党や共産党も事実上の路線転換を余儀なくされた。そして何よりも、細川非自民連立政権の経験が自民党以外の政党でも政権が担当できるということを示し、日本の有権者の政権交代への根深い恐れをほぼ消滅させた。

また、小選挙区制を基調とした新しい選挙制度のもとでの九六年、二〇〇〇年の二度の総選挙は、少なくとも潜在的には政権選択選挙としておこなわれた。五八年のただ一度を除いて定数の過半数の候補者を立てることすらしなかった旧社会党とは違って、当時の新進党も民主党も、三百小選挙区のうち二百数十に候補者を擁立し、一応は政権をめざす体制で戦ったからである。

残された課題は、端的に言えば「選挙で勝てる野党ないし野党連合」の構築という一点に絞られてきている。

この点で、野党に最も欠けているものは、二〇〇〇年総選挙において自民党が小選挙区の自党現職議員を比例名簿に回してまでも与党の小選挙区候補の統一をはかることによって示した勝利への執念である。実はこれは、政党としての優れた選挙戦略であるというだけではなく、有権者の政権選択権を保障するための政党の責務でもある。

総選挙において、二つの主要政党ないし政党連合が、四年間で実現に責任の持てる「政権政策」とその最高責任者としての「首相候補」を事前に明示し、それぞれの政権選択肢を小選挙区において代表するものとして統一候補を立てることは、小選挙区制型民主主義における政党の勝利の鍵であり、有権者への責務でもある。政権選択のために首相公選（大統領制）を提案する声もあるが、またもや制度改革に時間を費やし、しかも政府と議会の対立による統治不能という新しい難問を導入する必要はまったくない。小選挙区制を上記のように運用するならば、小選挙区の候補者への投票は、選挙後の特別国会で首相を指名する選挙人の選出に他ならず、事実上の首相公選となるからである。

「失われた十年」において、財政出動路線と構造改革路線の間の便宜的変更が自民党内部のたらい回しで責任も不明確なままで繰り返されてきた。このことを見るにつけても、異なった明確な担い手によってそれぞれの路線が四年間単位で実行され、その結果の検証を踏まえて次の総選挙で有権者が再び政権選択をおこなうというサイクルの確立の必要性が痛感される。政治改革の完成は依然として日本の中心課題なのである。

国会を甦らせるために

日本大学教授　岩井　奉信

政治改革の目的は政策を軸に「決定」と「責任」の所在を明確化することを通じて、政治の復権と再生をはかることにある。同時にその過程が国民に対して開かれた「透明性」の確保も不可欠である。

議会制民主主義において、これらを実現するための最も重要な場が国会である。憲法は国会を「国権の最高機関」と定めている。そこでは、選挙によって選ばれた国民の代表が活発な議論をおこない、国の政策や方針を決定するとともに、それが国民の次の政権選択にもつながる活動をおこなうことが期待されている。しかし、現在の国会はこのような理想からかけ離れたものとなっている。

とりわけ問題なのは、国会が法案処理機関化し、議論を通じて国民に争点を明らかにする審議機能が空洞化していることである。法案の迅速な処理をはかるため政府に対する発言を控え、しばしば採決を強行する与党に対し、審議拒否や物理的抵抗で対抗する野党という対決の構図は「言論の府」としての国会本来の姿ではない。その一方で、「国対政治」の名の下でおこなわれる与野党間の不透明な裏取り引きは、国会に対する国民の不信を増大させ、政策に対する信頼性をも低下させている。

国会の審議機能を低下させている最大の要因は、わが国の政党における党議拘束の特異さにある。与野党とも事前審査などを通じて、案件が上程される前に衆参両院にまたがる包括的な党議拘束をかけた上で国会に臨む。そのため、国会での議論はきわめて制約され、結果的に案件を成立させるか否かだけが焦点となり、時間を取引材料にするような不毛な与野党対決が助長されている。

たしかに、議院内閣制を採用する諸国では一般に党議拘束が強いといわれる。しかし、イギリスにおける党議の実態を見ると、内閣主導で決定された案件が議会に提出されるのと同時に、閣僚職である院内幹事(whip)が議員を説得して回るのが常であり、党議拘束のかけ方も案件の内容に応じて強弱がつけられている。

また、ドイツでは各議員の自由な議論がおこなわれた後、採決を前に各会派内で党議拘束をかけるか否かが議論される。いずれも党議拘束は案件が議会にかかってから、それぞれの院の会派を単位としてかけられるのが常識とされている。日本のようにすべての案件について、事前に衆参両院にまたがって包括的に党議拘束がかけられるというはきわめて例外的であり、異常なのである。

そこで、国会の審議機能を活性化し、政策決定過程の透明性の向上をはかるためにも、政党による党議拘束と一体となっている事前審査のあり方を根本から見直す必要が出てくる。事前審査を見直し、国会委員会などでの審議では与野党を問わず個々の議員の自由な議論を可能なかぎり保証し、むしろ党議拘束は最終表決にあたっての投票態度の統一のためのものとして位置づけ直す必要がある。同時に、時間を取引材料にしないためにも現在の断片的な会期制を改革し通年国会を実現することは十分な審議時間を確保するためにも重要である。また、案件のどの部分が争点なのかを明らかにするためには、重要な法案について各条文ごとに審議し採決をおこなう「逐条審議」の導入も検討すべきであろう。

与党審査は一九六二年二月二十三日付赤城宗徳総務会長名で大平官房長官に出

された「各法案提出の場合は閣議決定に先立って総務会にご連絡願い度い」という文書が示す通り、六〇年代初頭まではおこなわれていなかった。抜き打ち提出された五八年の警察官職務執行法改正案のように、閣議決定当日までほとんどの閣僚が何も知らされていなかったケースもある。

しかし、七〇年代に入るとすべての案件が与党審査にかけられるようになり、やがてそれが慣例化し、与党がすべての政策の生殺与奪の権限を握るようになっていった。その結果、首相のリーダーシップは著しく制約されることになったのである。七〇年代以降、与党審査の慣例が制度化されていく歴史は、そのまま、首相のリーダーシップの低下の歴史であるといっても言い過ぎではない。

たしかに、与党の賛成を得られなければ、案件が国会で成立することはおぼつかない。日本的な根回しの論理からすれば、事前に与党審査をおこなった方がスムーズに成立させることができると思うかもしれない。しかしそれは、首相のリーダーシップを制約するばかりではなく、与党審査が法案や政策の生殺与奪を実情上左右しているにもかかわらず、政党という法律上非公式な場でおこなわれるため、そこでの与党議員の法案や政策への影響力の行使については法律上の責任が問われにくいという根本問題をはらんでいる。

また、国対政治を打破するためには、現在の議院運営委員会（議運）のあり方も見直す必要がある。議運が他の委員会と同列の常任委員会である以上、特定の政党間の個別的なやり取りをおこなうのは難しく、そのため、国会対策の重点が制度的には非公式な各党の国会対策委員会（国対）に移ってしまうからである。

そこで、国会運営に関する事項を公式な場で、しかも柔軟におこなうためには、議運を戦前の帝国議会時代にあった「各派交渉会」にならい、他の常任委員会とは別格の議長直属のものに改組し、現在の国対が担っている機能を移し、国対政治の不明朗さを排除していくことが求められる。その際、内閣が国会に提出した案件に関し内閣自体が国会運営に責任をもって関与し得る体制を保証するため、閣僚が新しい議院運営機関の委員を兼務するなど、これに参加し得る方途も検討されるべきである。

現在の国会制度は、戦後改革の中でイギリス型とアメリカ型とを精査することなく接ぎ木した枠組みに、自民党一党優位体制の下で制度化した慣行が絡み合ったいびつなものである。政治改革というと、とかく選挙制度や政治資金などが注目されがちであるが、文頭に述べた問題意識にもとづくならば、国会改革こそ政治改革の「本丸」だということができる。

しかも、このような与党審査を含めた国会改革の問題はここにきて急浮上したわけではなく、21世紀臨調の前身である民間政治臨調の時代から一貫してわれわれが主張してきたことなのである。国会改革の課題は多い。これを契機に、衆参両院の国会制度全体に関する改革論議が高まることが期待される。

第二部　21世紀臨調

「首相主導を支える政治構造改革のあり方
——与党審査の見直しにともなう内閣、与党、国会の再構築」

（平成十三年十一月八日公表）

基本認識

■小泉首相が直面する政治構造上の課題

今日、日本は危機的状況にある。政治、経済、社会の国際的な変化にたいし日本型といわれてきたシステムは明らかに機能不全を起こしている。この危機的状況を乗り切るには抜本的な構造改革が必要なことは誰の目にも明らかであり、それに対する処方箋もすでに数多く提示されている。しかし、問題が表面化して以来、長い歳月を経たにもかかわらず、必要な改革は遅々として進んでいない。

「聖域なき構造改革」をスローガンに登場した小泉内閣は国民の圧倒的な支持を背景に、この問題に正面から取り組もうとしている。しかしそのためには、首相を中心とする内閣の力強いリーダーシップの確立が不可欠であることは誰の目にも明らかだが、現実の政策決定の仕組みはあまりにも多くの問題を抱えており、それ自体が、構造改革の最大の阻害要因になりかねないことが憂慮されている。

なかでも、「本来的な首相権限の行使」を標榜する小泉内閣が直面しているのが、「政府・与党二元体制」の存在であり、戦後の一時期から制度化されるに至った内閣提出法案に対する与党による事前審査・承認慣行にほかならない。

今日に至ってそれは、首相主導による政治的リーダーシップ確立の隘路となり、「決定」と「責任」の所在を曖昧にし、不透明で国民にわかりにくく、時間ばかりを浪費する日本政治の体質を生み出し、その一方において、国会の深刻な空洞化をもたらしている。

しかも、こうした日本独特の与党優位の手続きこそが議院内閣制本来の姿であるかのような理解が広く一般に浸透し、そのことが、本来的な首相権限の行使を保障するための環境整備をさらにいっそう困難なものとしている。

■核心課題としての与党審査

――内閣と並立する「与党」という存在の再検討

われわれは、かねてより、いま日本政治に求められている政治主導とは「首相を中心とする内閣主導」のことであり、政治家個人が個々の行政決定に介入する「政治家主導」でも、政権入りしていない与党議員や与党機関が内閣や省庁の政策を左右しようとする「与党主導」でもないことを繰り返し主張してきた。

われわれの主張する「首相を中心とする内閣主導」とは、「政府と与党の指導体制を首相を中心とする内閣のもとに一元化する」ということであり、いいかえれば、議院内閣制の長所をいかんなく発揮することができるよう本来の制度原理に立ち戻るということにほかならない。

よく知られるように、英国では、政権は内閣のもとに一元化(内閣一元)され、そもそも内閣と並立して存在するような「与党」という観念も、日本でいうところの与党審査という手続きも存在しない。またドイツでは、閣法は直接政府から議会に提出され、一般の与党議員は議会審議が始まるまで公式にはその内容に関与しない。与党会派による審査はあるものの、それはあくまで議会での審議が始まってからのことである。

ところが、日本の場合、内閣のほかに「与党」という独立した機関が別個に分立した形で存在する「政府・与党二元体制」が常態化し、内閣が提出する法案（閣法）はかならず与党による事前の審査（与党審査）を受け、総務会における決定（党議決定）を経てから閣議決定され、国会に提出される慣行が厳格に制度化されている。

このような与党による事前審査の手続きは、その他の議院内閣制諸国には見られない日本独特の慣行であり、五五年体制の成立以降、自民党一党優位体制のもとで一九六〇年代頃から逐次的に制度化され、オイルショック後に完成したものであって、いかなる意味においても、議院内閣制の仕組みがその制度原理として求めているルールや手続きではないことを、この際、はっきりと確認しておく必要がある。

■与党審査による国会の空洞化と日本独特の党議拘束

さらに、与党によるこのような事前審査が国会審議を空洞化させ、国会の「法案処理機関化」に拍車をかけていることも忘れてはならない。与党議員からすれば、法案の実質的な審議や政治的調整は国会審議に入る以前の与党審査の段階で事実上終了しているため、国会審議は法案を、できるだけ修正なしに速やかに成立させるための儀式でしかない。

また、与党審査によって総務会で法案の承認をおこなえば、それがすなわち「党議」となるため、以後、所属議員の言動は全立法過程を通じて過度に拘束され、国民注視の国会の場で生き生きとした論戦が闘わされることを著しく制約する結果を招いている。

英国では、党議とは、委員会における与野党議員の自由な討論と活動のあと、本会議における最終表決にあたって意思統一をはかるものであり、それに先立つ本会議、委員会での所属議員の自由な発言を拘束するものでないことはよく知られている。また、ドイツでは、そもそも党議自体が憲法で禁止されているうえ、かりに党議に類似する縛りがかけられるにしても、それは議会における徹底審議の末、会派単位の最終的な意思確認の手段としておこなうのを通例としている。

今日の日本政治は、いわば「与党」という存在が議院内閣制の制度原理から逸脱するほど権力機構化し、「首相を中心とする内閣主導」の実現を困難にするとともに、その一方において、本来国会内でおこなわれるべき実質審議の過程を院外に流出させ、制度的な制約のはるかに少ない与党審査に担わせる状況を生み出しているのであり、ひいては、政党や国会議員のあり方をも歪めていることを再認識する必要がある。

■連立与党間協議という新たな与党審査の弊害

こうした日本独特の「与党」という存在による事前審査は、連立政権時代に入り、かつての自民党単独政権時代以上にその弊害が目立ちはじめている。自民党単独政権時代の与党審査はもっぱら自民党内の問題であった。しかしながら、連立政権の下ではそれぞれの与党内のほか、連立与党間協議が事実上の事前審査機関としての役割を果たし、しばしば政権維持目的に無原則な妥協や取り引きがおこなわれる一方、その場で成立した政治的合意については、数の力によって妥協の余地なく強引に国会を通過させるケースも増えている。

これは、自民党単独政権時代の内閣と与党との関係が見直されないまま連立政権時代に移行し、与党審査の仕組みがきわめて屈折した形で連立を組む与党間の協議に受け継がれた結果にほかならない。今日では、内閣よりも連立与党間協議という新たな事前審査機関が政権の求心力となり、「政府・与党二元体制」の問題をよりいっそう複雑かつ深刻なものにしている。

また、自民党単独政権時代であれば、与党審査の結論はしょせん一党でのことであり、国会での強行はしばしば単独審議となって世論の厳しい批判を浴びた。しかし、連立政権時代に入った今日では、与党による事前審査は複数の政党による合意となることから、国会で強行したとしても単独審議とはならず、場合によって、野党一党が「単独審議拒否」をおこなうという滑稽な現象さえ生じている。残念ながら連立政権時代に入って国会は、クエッションタイム等の新しい試みは見られるものの、全体としてさらにいっそう空洞化していると言わざるを得ない。

■首相主導を可能にする新しい仕組みの必要性

戦後政治のなかで与党による事前審査・承認慣行が制度化されるに至った背景には、それを必然としたさまざまな事情がある。したがって、与党審査の見直しはその弊害を指摘するだけでは問題解決にはならず、それが制度化されるに至った理由を解きほぐし、首相主導を担保する新しい仕組みやルールを提案していくことが同時に求められる。

たとえば、与党審査成立のプロセスには、それを求める「与党側の要求」と「官僚側による与党の取り込み」という二つの力学が働いてきたことを見逃してはならない。与党側の要求とは、すなわち、政府・与党の二元体制にあって政調会を中心とする与党審査過程こそが与党議員のいわば「うまみ」で、族議員政治の温床であったということであり、官僚側による与党の取り込みとは、そうした与党議員の心理を熟知しつつ、国会審議前の与党審査過程で与党側を取り込み、政治的調整を済ませておくほうが、国会審議の場で与党修正等をなされるよりはるかに予測可能性が高く、合理的であったことを示している。

そして、こうした「与党側の要求」と「官僚側による与党の取り込み」を可能とした背景に、内閣が与党に依存せざるを得ない日本独特の国会の仕組みがある。ことに、①「国会の自律権」を過度に強調する戦後の行き過ぎた「三権分立的」発想のもと、②法案審議は国会の専権事項とされ、法案を提出した内閣自体には国会の審議スケジュールに関与する公式な手段はなんら与えられず、与党に頼らなければ何ごとも進まないという「与党依存の国会運営」が定着し、さらに、③日本の国会が採用している会期制、会期不継続の原則により、内閣の側からすれば、限られた短い期間のなかで大量の法案を荷崩れすることのないよう通過させねばならないという物理的事情がその背景にあることは、長年の政治改革論議のなかで幾度となく指摘されてきたところである。

小泉首相は就任以来、「首相を中心とする内閣主導」で日本が直面している諸課題に取り組む決意を再三にわたり表明している。もしも、その決意が本物であるとすれば、小泉首相は遅かれ早かれ、われわれが指摘した政治の構造問題と正面から対決せざるを得ない。

この意味で、いま小泉首相に何よりも求められるのは、「政策の構造改革」と与党審査の見直しをはじめとする「政治の構造改革」を戦略的に組み合わせる本物の「骨太の方針」であり、それをチームとして推進する体制の整備であるといっても過言ではない。

■党派を超えた取り組みを――「政治主導確立大綱」の策定

小泉首相だけではない。より重要なことは、これから政権を担おうとする野党も、与野党の次の世代のリーダーも、自らが政権を担当し、あるいは首相に就任したあかつきには、必ずや、小泉首相と同様の問題に直面するのである。この意味で、われわれが指摘した政治の構造問題は次の時代を担おうとするすべての政党、政治家が共有すべき課題であり、党派を超えて新しい仕組みの創造に取り組まねばならない時期を迎えている。

われわれは、以上の認識の下、一刻の猶予も許されない現下の危機的な状況を踏まえ、政治主導体制を「内閣主導」から「首相主導」へとさらに飛躍させるためにも、与党審査の見直しによる内閣一元の実現と官邸機能の強化、これにともなう内閣、与党、国会の関係の再構築にむけて、超党派で取り組むべき当面の政治構造改革の課題を示し、①法改正を待たずとも直ちに取り組むことのできる運用面での課題に加え、②必要とされる内閣法、国会法など関係法制の改正を盛り込んだ「政治主導確立大綱」(仮称)を策定し、包括的な推進法の制定をも視野に入れた改革推進体制の構築を求めるものである。

提言

第一 内閣一元――内閣の主体的法案提出権の確認

一 政府・与党二元体制の克服

すでに述べたように、わが国では、内閣のほかに「与党」という独立した機関が別個に分立した形で存在する「政府・与党二元体制」が常態化している。このため、英国のように対議会対策を含めて内閣の権限と責任が一元化されておらず、いわば公式な政府と非公式な政府との二元構造の中で運営実態が分化し、責任の所在が曖昧になるなどの深刻な弊害をもたらしている。

今後、わが国がめざすべき政治構造改革の基本方向としては、内閣の外に「与党」という存在が別個に分立した形で活動し、非責任主体のまま強力な政治的影響力を行使し、首相や内閣の政策を左右するという、これまでの「政府・与党二元体制」を克服し、「政府と与党の指導体制を首相を中心とする内閣のもとに一元化する」という議院内閣制本来の「内閣一元」の原則を確立していくことが求められる。

二　与党による事前審査・承認慣行の廃止

憲法は内閣の議案提出権を定めている。しかしながら、わが国では「政府・与党二元体制」が常態化する中にあって、与党による事前審査が厳格に制度化され、このことが内閣の議案提出権を著しく制約し、首相を中心とする内閣のリーダーシップ確立の妨げとなっている。また、非公開でおこなわれる与党審査は族議員による不当な介入の温床となり、国会を空洞化させる原因ともなっている。

そこでこの際、当面においては、内閣は独自の判断で法案を国会に提出できるという憲法の定める原則を改めて確認するとともに、与党審査そのものは否定しないまでも、少なくとも、与党による事前の了承がなければ内閣は国会に法案を提出できないとする、これまでの与党による「事前審査・承認慣行」だけは早急に廃止する必要がある。かりに、内閣が提出した法案にたいし与党議員の側に異論がある場合には、与党議員も国民注視の国会の場で十分な審議をおこない、必要な修正を加えればよい。

なお、これまで与党審査の場であった与党政務調査会等は、今後は政府にたいする政策提案や議員立法の立案、次の選挙に臨む党綱領や選挙公約の立案の場として、その役割を転換していくことが望まれる。

三 連立与党間協議の弊害の是正

また、連立政権の定着にともない、連立与党間協議が事実上の事前審査機関として機能し、しばしば政権維持目的に無原則な妥協や取引きがおこなわれる一方、その場で成立した政治的合意については数の力によって妥協の余地なく強引に国会を通過させるなど、単独政権時代の与党審査以上にその弊害が目立っている。

したがって、このような連立与党間協議についても前述と同趣旨の見直しを早急におこない、連立与党間協議が首相を指導力の発揮を縛り、内閣の主体的な法案提出権を妨げるようなことを慎むとともに、かりに連立を組む政党間の協議が必要であるならば、それは国会審議と並行しておこなうなどの見直しが検討されてしかるべきである。

四　事務次官等会議における事前承認慣行の廃止

また、事務次官等会議は、与党側による事前審査と表裏一体のものとして、閣議に請議される前提として手続化された、全会一致原則をタテにした官僚側による長年にわたる事前審査の慣行であり、法制上の根拠を何ら有するものではない。したがってこの際、内閣提出法案は事務次官等会議を経なければ閣議請議ができないという「事前承認慣行」についても同時に改めるべきである。

〔解　説〕

内閣と与党の二元体制を克服し「首相を中心とする内閣」のもとに権限と責任を一元化するためには、ここに掲げる提言内容のほか、少なくとも次の二点について包括的な見直しを進める必要がある。

◆選挙のサイクルと政治主導について

長年の政治改革の末に導入された小選挙区制の下では、選挙は国民による直接的な「首相選択」「政権選択」「政策選択」の場として機能することが期待されている。政党は首相候補、政権の枠組み、政権政策を明示して国民に信を問う。その結果、多数の議席を獲得した政党(政党連合)が選挙で示した公約にもとづいて内閣を組織する。「首相を中心とする内閣」は国民の支持を背景に政策を果敢に実行に移し、その結果は次の総選挙の際、国民による業績投票という形で審判される。

政治主導体制とは、このように選挙から選挙へと繰り返される政党政治のサイクルが健全な形で営まれることを前提にしている。いいかえれば、こうしたサイクルが国民の選挙における選択と明確な形で結びつくためにも、政権運営における決定と責任の所在を「首相を中心とする内閣」のもとに一元化することが求められると考えるべきである。

なお、こうした観点からすれば、政党の党首の任期は選挙のサイクルと結びついていることが望ましく、選挙と切り離された形で党首が交代するような党運営のあり方についても根本的な見直しが必要となる。また選挙の結果、成立した内閣については、基本的には次の総選挙まで同じ閣僚メンバーによって担われるルールを確立する必要がある。いたずらに内閣改造を多用することは、安定的な内閣運営を阻害するのみならず、選挙との関連性を損なうからである。

◆内閣人事、党人事、国会人事の見直しについて

内閣と与党の二元体制を改めるためには、内閣人事はもとより、党人事、国会人事についても首相を中心とする内閣が責任のもてる体制を構築する必要がある。たとえば、大臣を首相自が選任するのは当然のこととして、大臣・副大臣・政務官がチームとして活動するためには、後述するように、副大臣、政務官についても首相の実質的な人事権を確立する必要がある(実際には、首相の了承を得て大臣が副大臣・政務官を選任する方法も考えられる)。そのためには、派閥や当選回数にとらわれることなく、その役職にふさわしい能力のある人材を育成し、選抜するための新たな党の組織体制や人事制度も必要となる。

また、与党の幹事長、政調会長、各部会長、あるいは国会折衝を担う国会対策委員長などの国会運営上の責任者は、無任所の国務大臣、政務の官房副長官、副大臣、政務官その他のポストを活用し、内閣の役職と党や国会の役職とをいわば兼務させる形

で、必要に応じて可能なかぎり内閣に取り込むことが検討されてよい(そのためには後述するように、大臣、副大臣、政務官、内閣官房および内閣府に置かれる政治任用職その他の特別職職員の定数を法律事項から政令事項に移し、その時々の首相の判断により、大臣、副大臣、政務官または官房副長官などの数を大幅に増やすなど、内閣に人材を柔軟に取り込める仕組みをつくる必要がある)。

ただし、その場合にとくに重要なことは、大臣・副大臣・政務官を選任する内閣人事がまずもって優先され、次にこれを前提として、党の部会長などを選任する党の役職者の人事や国会人事が閣僚ポストとの兼務等を活用しつつ進められるという順序で一体化がはかられるべきだということであり、その逆ではないということである。よく「内閣と与党の一元化」というと、内閣を与党側に取り込み、首相の意向や総選挙で信任された基本方針にかかわりなく与党幹部が党内事情を背景に入閣することをイメージする向きもあるが、これでは首相を中心とする責任ある内閣主導体制はつくれない。

このような筋道で党人事、国会人事がおこなわれれば、首相の進めようとする政策と矛盾するような考え方を持つ人材が、そもそも党の政策責任者や国会対策責任者に選ばれることは基本的にありえない。また結果としてそれは、与党による事前審査・

承認慣行手続きの必要性も薄めることにもつながる。

なお、与党による事前審査・承認慣行をめぐる問題は、最近になって突然指摘されたわけではない。例えば、21世紀臨調の前身である政治改革推進協議会（民間政治臨調）は、平成四年十一月に公表した「国会改革に関する緊急提言」において、おもに国会改革の観点から、与党による事前審査と政党の党議拘束の見直しを提案している。また、平成九年五月公表の「構造改革を担う新しい政党と政治のあり方」でも、与党審査の弊害の是正が主張されている。

第二　国会運営における内閣のリーダーシップの確立

一　内閣の法案審議への協議権の確立

・副大臣、政務官の衆議院委員会理事としての参加
・副大臣、政務官についての内閣総理大臣の人事権確立

現在、日本の国会では大臣、副大臣、政務官はそれが国会議員であっても委員

会の委員からは除外されるなど、審議過程に主体的に参加することは三権分立を楯に事実上認められていない。そのため、内閣提出法案の審議過程は強く与党に依存せざるを得なくなり、国会の審議過程にたいする政府のリーダーシップは著しく阻害されている。

しかし、議院内閣制においては、行政権の長たる内閣総理大臣が同時に国会議員として立法府の一員であるように、行政権と立法権は米国のように制度的に峻別されていない。したがって、三権分立を楯に議案の審議過程から議員たる閣僚等は排除されるべきではなく、むしろ、英国の議院内閣制で確立されているように、内閣の国会審議への関与権が幅広く認められてしかるべきである。

具体的には、少なくとも衆議院においては、当該議案の審議がおこなわれる委員会に国会議員である副大臣または政務官が理事として参加すべきである。その際、大臣、副大臣、政務官は「一意同心のチーム」として活動することが求められるため、大臣だけではなく、副大臣、政務官についても、内閣総理大臣の実質的な人事権を積極的に認めるべきである。

二　議長権限の強化と内閣代表の出席

・議長が直接主宰する新しい議院運営委員会の実現
・議院運営委員会への内閣代表の出席権、協議関与権の確保
・非公式な政党間折衝機関である国会対策委員会の廃止

本来、国会法では、議事整理をはじめ国会運営の基本的事項の決定は議長権限とされているものの、実際には、一般の常任委員会と同列の議院運営委員会にゆだねられている。しかしながら、議院運営委員会は常任委員会のひとつであるだけに一般の委員会と同じ議事手続きが適用され、各会派の折衝には不向きであるうえ、事実上の協議が理事懇や院外機関である国会対策委員会に担われる事態を招き、このことが、内閣からすれば与党に依存せざるを得ない国会運営を助長する結果を招いてきた。

また、議院運営委員会には内閣の代表は参加できないにもかかわらず、各省庁の官僚がオブザーバーで同席する慣例はいまなお続いている。これは、政府委員制度を廃止した趣旨にも反すると言わざるを得ない。

そもそも、議院内閣制諸国で院の運営を常任委員会でとりおこなう国はない。常任委員会であれば、運営責任は委員長となり、各会派の中立的な裁定者がいない。そこでこの際、院外の非公式な折衝機関である国会対策委員会を廃止するとともに、議長が国会法に定められた本来の職責を果たせるよう、議長が直接的に議院運営委員会を主宰する新しい議事運営システムを確立し、日常的に議長が与野党会派の言い分を聞いて裁定をくだす仕組みを検討すべきである。

その際、議長主宰の新しい議院運営委員会には内閣の代表者の出席を認めるとともに、内閣にたいし提出した法案の審議スケジュールに関する協議関与権を認めるべきである。

三 会期不継続原則の廃止

・常会の会期延長等による「通年国会」の実現
・会期不継続原則の廃止
・逐条審議の検討——議論することが最大の抵抗手段となりうる新しい審議の仕組み

日本の国会は常会や臨時会など会期が細切れで設定されている。しかも、会期不継続の原則により、閉会中審査の手続きをとったものを除き、会期中に両院で議決に至らなかった審議未了の案件は後会に継続せず廃案となる。このことが、国会審議の内容よりもスケジュール自体が与野党の争点となる「駆け引き型の国会運営」をもたらし、内閣からすれば、提出した法案の成否を与党の尽力に依存しなければならない構造を生み出している。

ただし、会期制の抜本的な改革には憲法改正を要するので、首相を中心とする内閣主導体制の確立にともなう当面の課題としては、常会の会期延長等を通じて事実上の「通年国会」を実現するとともに、国会法第六十八条等に定める会期不継続の原則を廃止し、閉会中審査の手続きいかんにかかわらず、審議未了の案件でも後会に自動的に継続する方向にあらためる必要がある。なお、英国では会期、会期不継続はあるものの一年会期制。ドイツは議員の任期中は議会に活動能力があるとする議会期。米国は一年会期だが議事は継続。フランスは会期制を残したまま会期不継続を廃止している。

なお、会期不継続原則の廃止は、野党側からすれば有効な抵抗手段が奪われることを意味する。したがって、会期不継続の原則を廃止するにあたっては、「逐条審議」を導入するなど、審議を拒否することよりも積極的に参加することが野党にとって最大の抵抗手段となり得るような新しい審議のあり方についても同時に検討されてしかるべきである。

〔解　説〕

◆新しい議事運営機関について

ここで述べていることは、院外の非公式な機関である国会対策委員会を院内の機関として正式に位置づけ直し、それを取り込む形で議長が直接的に主宰する新しい議事運営機関を構築すべきだというものであり、単純に国会対策委員会を廃止すれば問題が解決すると考えているわけではない。むしろ、われわれが想定しているものは、戦前の帝国議会時代に存在した「各派交渉会」的な新しい議事運営機関の創出である。

敗戦直後の占領下の改革により、米国の大統領制型の議会運営が議院内閣制の議会運営に接ぎ木されたことはよく知られている。この結果、大統領制を採用する諸国のような三権分立的発想のもと、戦前に対する反省も手伝い、国会の内閣に対する自律権が過度に強調され、内閣は与党に依存しなければ国会に提出した法案をコントロールできないという状態が制度化された。その一方において、肝心の政党という存在は国会にかかわる法制度や運営の中に適切に位置づけられてはおらず、いわば院外の非公式な存在として活動してきたために、国会対策委員会を舞台に展開されるいわゆる「国対政治」は、過去において何度批判されようとも存在し続けてきたのである。

なお、すでに述べたように新しい議事運営機関においては、例えば、内閣の政務の官房副長官等の閣僚が党の国会対策委員長等の役職を兼務することで、対議会対策を可能な限り与党ではなく内閣主導でおこない得る責任ある体制を構築するとともに、内閣の法案審議スケジュールに関する協議関与権を国会の仕組みの中に担保していくことが必要となる。

また、議長は政治的仲裁や斡旋はおこなわない。あくまでも、議事運営の責任者として、会派に中立的な立場から日常的に与野党会派の言い分を聞いて、その都度裁定をくだす仕組みが適当と思われる。

◆会期不継続原則について

現憲法下で通年国会を実現するための核心課題が「会期不継続の原則」の取り扱いである。国会は会期中だけ活動し、その意思は各会期ごとに独立したものとして扱われ

(会期独立の原則)、会期中に両議院で議決に至らなかった案件は廃案となり、後会に継続しないとされている(会期不継続の原則)。たとえ、先議院で議決され送付された案件であっても廃案となるため、このことが、政府提出の対決法案に反対する野党の審議先延ばしや審議拒否、牛歩などの審議遅延の抵抗手段の濫用をもたらし、会期末をめぐり、国民にわかりにくい国対政治の温床となってきた。

また、国会法では各議院の議決でとくに付託された案件については閉会中の審査を可能とし、閉会中に審査された議案や懲罰事案の案件については次の会期での継続審議を認め「会期不継続の原則」の例外を定めているが(国会法四十七条、六十八条)、後会に継続した案件は「議案」であって「議決」でないとの考えから、すでに前の会期でどちらかの議院で議決された案件であっても、次の同一会期中に再度両議院での議決が必要とされている。また、「会期不継続の原則」により、特定の案件の審査や調査のために設けられる特別委員会や小委員会、分科会も、「議決効力の不継続」により、その会期限りとなり、あらためて設置の手続きをとらねばならないとされる。

◆逐条審議について

逐条審議や読会制は議院内閣制を採用する諸国では一般的に導入されており、むしろ逐条審議を採用していない日本の国会のほうが世界の常識からすれば例外に属するといえる。逐条審議は条文ごとに議論し採決する方式をとる。現在、委員会でおこなわれている一問一答方式は一見、合理的なようにも思われるが、永遠に繰り返されるエンドレスの過程のようなもので、結論に執着しない。一方、逐条審議は与党からすれば法案の成立に相当の時間を要するとの見方もあるが、条文を一つずつこなしていけば強行採決などしなくとも必ず出口にたどり着く合理的で予測可能性の高い仕組みである。また、野党からすれば、その法案に反対する場合には、条文ごとに反対の意思表示をし、あるいは修正案を提出することで法案審議を各駅停車に持ち込むことができる。国民に見える国会の場で議論することを通じてより強い反対の意思表明を示すことも可能となる。

日本の国会は逐条審議はもとより、最近では幾つもの法律を「〇〇一括法」という形で括り、一括採決する方式が多用されるなど、法案のテキストを丁寧に検討することをあまりにも省略しすぎるきらいがある。会期不継続原則を廃止し逐条審議を採用することは、こうした傾向に歯止めを掛け、議論することよりも手続きをめぐる駆け引きが優先されがちな国会の現状を大きく見直す契機になり得ると思われる。

第三　党議拘束の緩和

・法案提出前の「事前」党議の廃止——国会審議における自由な討論の保障
・党議拘束は本会議最終表決段階における投票態度の統一手段に純化
・法案の性格により軽重をつけ、党綱領、選挙公約以外は対象外

日本の政党における党議がその他の議院内閣制諸国と比べてきわめて特異なものであることはすでに述べた。このような日本の政党にみられる党議拘束の特色は、厳格に制度化された与党審査と表裏一体の関係にあり、与党審査の見直しにあたっては、同時に政党の党議のあり方についても根本から見直しをおこない、何を対象とし、いつの時点で党議拘束をかけるかについて再検討をおこなう必要がある。

少なくとも、閣法にたいする与党審査の性格を当該法案の国会提出をたんに了解した程度の意味合いにとどめるとすれば、法案を国会提出する前段階での所属議員にたいする「事前」の党議拘束も同時にとりやめる必要がある。

また、かりに党議拘束をかけるにしても、それはあくまでも本会議における最

終表決にあたって投票態度の統一をはかるためのものとし、それに先立つ委員会審議にあたっては、所属議員の自由な討論と活動が保障されるべきである。

また、これまでのようにすべての法案を厳格な党議拘束の対象とするのではなく、法案の性格によって党議のかけかたにも軽重をつけ、あるいは、各党の綱領や選挙公約以外は原則として党議拘束の対象外とすることも検討されてしかるべきである。

〔解　説〕

◆日本の政党の党議拘束の特殊性

かつての政治改革論議の際、日本の政党の党議拘束はおもに国会改革の観点から問題にされてきた。たとえば、①政党の党議拘束はそれ自体、党の規約上の根拠がどれほど明確なのか。②憲法規定との調和はとれているか（憲法四十三条＝全国民を代表する議員、五十一条＝議院内の演説、討論、評決で院外で責任を問われない）。③それ自体としては何ら国民の審判を受けたわけではない政党本部機関が、国民から直接選挙された衆議院議員、参議院議員をどこまで拘束できるのか。④各議院独立の憲法原則に照らし、政党本部機関の決定の拘束が衆議院と参議院をまたいでよいのか。⑤

国会の審議の結果としての会派の最終態度の決定ならばともかく、法案提出前の決定(与党審査)が国会での審議期間を通して自派議員を拘束してよいのか(与党議員はどのようにして国会審議をおこなえばよいのか)などである。

第四　議員と官僚との関係の正常化

・仲介、斡旋のための議員と官僚との接触の禁止
・官僚が個々の議員個人と接触した場合の報告義務
・上記を閣議で申し合わせると同時に与党側でも決議

議員と官僚との関係については、利益誘導などをめぐり常々問題化するところである。英国では政権入りした閣僚等以外の議員と官僚との接触を一切禁止することで不正の排除を試みている。しかしながら、日本では公務員倫理法においても議員と官僚との接触についてはなんらの報告義務もなく、また制限もない。

しかし、官僚には公務員としての職務専念義務があり、閣僚等以外の特定の議

員との接触は癒着を生む恐れがあるのみならず、「内閣による一元的な政策運営」に支障をきたす恐れもある。

そこで少なくとも当面は、仲介、斡旋のための議員と官僚との接触はこれを禁止するとともに、個々の議員との接触について官僚は上司に報告義務を負うこと、以上二点については、内閣において閣議で申し合わせをおこなうとともに、与党側においても同趣旨の決議をおこなう必要がある。より抜本的には、その趣旨を公務員倫理法等の法制度の改正を通じて実現する必要がある。

第五　「内閣主導」から「首相主導」へ

・閣議の実質化
・政治任用職その他の特別職職員の定数の弾力化
・高級官僚の人事管理権を首相に
・内閣官房・内閣府を首相の補佐機構に再編
・各党のシンクタンクの創設

行政改革会議の最終報告にもとづく中央省庁等の再編に際して、内閣官房が強化され、従来の総理府にかえて内閣府と総務省が設置された。また、首相が閣議にたいし内閣の重要政策に関する基本的な方針その他の案件を発議することができる旨を明文化し、内閣官房による新たな「政策調整システム」を導入するなど、従来型の省庁主導体制を是正し内閣主導体制を確立するための努力が積み重ねられてきている。

しかし、内閣を構成する「国務大臣」のほぼ全員が「各省大臣」等を兼務するという旧来の慣行が無批判に継承されている現状のもとでは、閣議は各省大臣等がそれぞれ所管の省庁の意見を代弁し、その利害を擁護する最後の砦となる可能性が高い。内閣主導体制がこの限界を克服するには、西欧の議院内閣制諸国にほぼ共通してみられるように、首相による力強い政治的リーダーシップの発揮を容易にする仕組みを整え、「内閣主導から首相主導へ」とさらなるバージョンアップをはかる必要がある。

そのためには、まず、閣僚間の意見交換は閣議終了後の閣僚懇談会でおこなわれるという従来の慣行を廃止し、閣議そのものを実質的な政策発議・政策討議・政策調整の場に変えていく必要がある。さらに、大臣、副大臣、政務官、内閣官房および内閣府に置かれる政治任用職その他の特別職職員の定数を法律事項から政令事項にあらため、そのときどきの首相の判断にもとづいて、必要な人材を政界・官界のみならず広く民間からも弾力的に任用することができる仕組みを構築しておく必要がある。

また、平成十三年六月二十九日に発表された「公務員制度改革の基本設計」によれば、人事院による等級別定数の規制および事前承認制度を緩和・廃止し、各省大臣等を各省庁職員の任用権者から人事管理権者へ高め、省庁内の人事異動を弾力化するとともに、その一方では、内閣官房・内閣府のもとに現職の官僚からなる国家戦略スタッフを創設するために府省間の職員の再配置を内閣の必要に応じて機動的におこなえるようにあらためることが提言されている。しかしこの点については、むしろ、審議官級以上の高級官僚の人事管理権はこれを首相の権限とし、これによって首相を補佐する一般職職員の活用を容易にすべきである。

さらにその上の課題として、内閣官房・内閣府をその名称のみならず実質的な機能においても、内閣を補佐する機構から内閣総理大臣を補佐する機構に再編成すること、各党は政党助成金を活用してそれぞれのシンクタンクを創設し、党の政策綱領の策定に資する政策構想の立案に当たらせるとともに、政権を掌握したあかつきには、このシンクタンクを、首相を補佐する人材のもう一つの供給源とすることを真剣に検討する必要がある。

第三部　21世紀臨調

「選挙における国民の選択と政治主導」

（平成十二年六月六日〜平成十四年十月三十一日）

ここに収録した四つの提言は、新しい日本をつくる国民会議がその時々の政治情勢の中で公表したものであり、そのいずれもが、いま日本に求められている政治主導体制とはいったい何であり、選挙において示された国民の選択を意義あるものとするためには、どのようなルール（サイクル）をつくり上げる必要があるかを与野党の政党政治家と国民の双方に問いかけたものである。

最初に収録した「**政治家と有権者の共同作業――総選挙を意義あるものとするために**」は平成十二年六月二十五日に実施された第四十二回衆議院議員選挙の公示直前の六月六日に公表された。この総選挙は小選挙区比例代表並立制の下での二回目の選挙であった。国民の側からすれば、新進党の解党や政治家の離合集散など一票の権利を行使しがたい事態はあったものの、この総選挙を少しでも小選挙区制ゲームに照らして成熟させるために、与野党はどのような条件を整えて国民の信を問うべきかを論じ、また国民には業績投票という新しい投票権の行使の仕方についてその理解を求めた。

二つ目の「**与野党への提案――政治主導をいかす共同作業**」は、第四十二回衆議院議員選挙の結果、小渕内閣が組閣される直前の平成十二年六月三十日に公表された。議席が確定したばかりの総選挙を振り返りつつ、数年後に予定される次の総選挙を意義あるものとするためには、与党は新しい内閣をどのような形で発足させ、また運営すべきか、野党は国会等の場を通じてどのような役割を果たすべきかを説き、選挙が終わった直後から与野党がその共同作業として政治主導という試みを生かすための営みを開始することを求めた。また、新たに設置されることとなった経済財政諮問会議については、発足直前にもかかわらず、運営方針が定まらず準備が遅れがちであったことから、所期の目的にかなった運用のあり方を説き、制度のさらなる改善を求めた。

三つ目の「**すべての政治家と国民に問う——自民党総裁選にあたって**」は、森首相の辞任にともなって実施された平成十三年四月二十四日の自民党総裁選挙直前の四月十九日に公表された。現下の総裁選は多くの国民には関係のない自民党内の問題であるにもかかわらず、事実上、新首相が決定されてしまうことを、選挙から選挙へと営まれる政党政治のサイクルを破壊するものとして批判した。その上で、総裁選の結果、新たに選ばれる新首相に対しては、少なくとも責任ある政治主導体制を構築し、内閣と与党との関係を整理し、政治家と官僚との間に新しいルールを構築することを求めた。なお、この総裁選の結果、現在の小泉首相が登場することとなる。

四つ目の「**現下の選挙制度改革論議に関する緊急提言**」は、平成十三年末に予定されていた衆議院議員選挙区画定審議会の勧告を目前にして、自民・公明・保守の与党三党関係者が中選挙区制の復活にむけて迷走した当時の十月三十一日に公表された。小泉首相が「聖域なき構造改革」の足場としている政治主導体制は小選挙区制の下に構築されていることを指摘し、中選挙区制の復活は政治主導体制にむけて進められてきたこれまでのすべての取り組みを台無しにする行為であるとして、その早期撤回と年末に予定されていた審議会勧告の遵守を求めた。

■「政治家と有権者の共同作業――総選挙を意義あるものとするために」

（平成十二年六月六日公表）

はじめに

衆議院が解散した。今回の総選挙は、二十一世紀をまたぐ歴史的な選挙である。そして、前回総選挙後の政権の業績や政党・政治家の活動を検証し、選挙のサイクルを完結させるとともに、次のサイクルをよりよいものとして始める大切な意義を持っている。二十一世紀を目前にして、日本の将来を左右する大切な政策も山積しているが、それらの政策もその実現に責任をもつ「政権の選択」と結びついてこそ、はじめて意味をもつ。まさに、政治家と有権者の共同作業が必要である。

この共同作業には、一定の信頼関係があらかじめ必要である。有権者の側からすれば、それを困難にしている責任の大半が、有権者よりも政党や政治家の側にあることは否定できない。自分の選挙区で選出された議員が現在どの党に属しているのかもわからなくなるような目まぐるしい政治家の移動や政党の離合集散、名前をおぼえきれないほどの新党の結成やその後の分裂や解党。たしかにこれでは、前回総選挙での公約を誰にどのように問うべきかすらわからなくなる。

しかし、お互いに愚痴をこぼしあっている贅沢は許されない。兎にも角にも、政治は政治主導体制にむかって動き出した。他方で、重要な政策課題も山積している。いま必要なのは、新たな小選挙区制型の民主政治のゲームに照らして、日本の政党政治を新しいルールにそったものへと成熟させるための試みを、政治家の側と有権者の側との共同作業として始めることである。

私たちは以下に示す認識のもと、「政権選択選挙」と「業績投票」をキーワードに、今回の総選挙を少しでも意義あるものとするための新しいルールの確立を、政治家の側と有権者の側の共同作業として始めることを提案する。

私たちの基本認識(総選挙の前に再確認したいこと)

変革期における政治

世界も動き、日本も動いている。まさに変革期と呼ぶにふさわしい。しかしながら、日本の政治は、そうした変化に十分に応えているとは言い難い。そこに有権者の政治不信、政治離れの原因があり、小手先の対策ではなく、政治のあり方を基本的なところから見直していく努力が必要とされている。そして、そのもっとも大切な要素が、有権者と政治家とをむすぶ選挙であることは言うまでもない。

政党政治の大切さ

国会における政策の具体化は最終的には多数決による。ことに議院内閣制のもとでは、議会内多数派と議会内少数派との対抗関係の中で、総選挙から次の総選挙までの間、多数派＝与党主導で政策運営がなされるのがあるべき姿である。そのとき、有権者と政治家との関係を安定的に保証するのが、政党政治の枠組みである。

政党が政策の点でまとまっていなければ、選挙が終わったとたん、個別の議員は自由に活動できることになり、選挙結果と国会の議決との関係が薄くなってしまう。もちろん、個別議員の公約を問題にすることはできるが、政党政治の枠組みがしっかりとしなければ、絶え間ない多数派工作によって、国会の場は一般の有権者が理解できない不可解な事態に陥ってしまう。

政党強化の必要性

ところが、現実の日本政治においては、政党政治が謳われながら、実質的にこの政党政治の仕組みが貫徹されていない。それは、選挙においては、きわめて個人的な選挙運動がなされながら、国会においては強い党議拘束がかけられているため、選挙運動と国会活動との間に一貫性を保ちにくい状況があるからである。そのため、個別の政治家は国会外に活動の重点をもっており、立法活動というよりも行政活動への介入を主たる活動としている事例がまま見られる。

しかしながら、このような状況では、大きな政策体系レベルで有権者が選択できないために、国の方向を決めるような重大決定が宙に浮く反面、個別利益による縛りが政治家の活動をゆがめる事態が起こっている。本来、政党が政策を掲げて選挙を戦い、その結果として政権が選択されたならば、個別の政治家は政権の枠組みにそって活動することにより、政治は運営されるべきである。そのためにも、選挙における政党政治の地道な強化に取り組むべきであると考える。

政治改革の課題

数年前、選挙制度の改革につながった政治改革の動きは、こうした問題に正面から答えようというものであった。選挙を通じて有権者の選択が「政権の選択」や「首相の選択」「政策の選択」につながることをめざすのであったから、選挙の条件である選挙制度が焦点となったのは当然であった。

しかし、改革はそれだけで終わるのではなく、選挙における暗黙のルールや、選挙後の政治家の行動についてのルール、政策の立案・決定・執行それぞれの段階における政治家と行政官との関係の整理、国会における行動のルールなど、さまざまな問題が順に処理されて、はじめて全体としての望ましい政治的競争のルールが形づくられるべきものであることを忘れてはならない。
その意味で、政治の改革はいまなお未完の課題なのであって、性急にその成功、失敗を論じる以前に、どうすればよりよい方向に進むことができるか、党派を超えて、政治家と有権者の違いを超えてさらなる努力が傾けられるべきである。

小選挙区制と政権選択

そこで、あらためて政治改革の中で採用された並立制の原理を確認しておく必要がある。衆議院に導入された新制度の眼目は、小選挙区制を導入して選挙区における選挙運動が政権を選択する形に変わるきっかけを与え、補完的に比例代表制によって少数者の発言を保証するというものである。この仕組みでは、選挙を機会に有権者の多様な意見を政権選択という形で変換するという作業が予定されている。

そこで、政権をねらう政党(ないし政党連合)は、次の任期中に実現できる政権政策とその最高責任者としての首相候補を明示して選挙に臨み、選挙によって選択された枠組みに従って行動しなければならない。これを有権者の側から見ると、現に政権を担っている政党の業績を評価し、それを継続するか、それとも変化を求めるかの選択を重視する「業績投票」が求められることとなる。こう考えると、与野党関係に基本的な変更が起こった場合には、重大な政権構成の変更が起こっているわけであるから、ただちに総選挙に訴えるのが筋である。

九六年総選挙の検証

以上を踏まえつつ前回の総選挙を検証すると、まず、与党自民党と野党第一党の新進党がほとんどの小選挙区で候補者を立て、党首を首相候補にすえて政権を争ったことは、政権選択選挙の条件を基本的に充たす動きとしてあらためて評価されてよい。

一方、二大政党が政権選択の構図を提示して争ったにもかかわらず、小選挙区候補者の選挙運動では、中選挙区制時代の発想や手法をひきずる事例が見られたのは残念なことであった。直前に結党された旧民主党が百数十の候補者を立てながら選挙後の政権について明確な立場を表明しないまま戦ったことも、政権選択の機会を有権者に提供する観点からすれば首肯しかねる点であった。

総選挙後の政党、政治家の行動にも問題があった。なによりも、選挙後、野党から与党への「くらがえ」や自民党の側の「一本釣り」が起こり、結果として、二百三十九議席しか獲得できなかった自民党が過半数を達成したことは、ルールを逸脱する行為であったと言わざるを得ない。小沢政権を主張して当選した議員が選挙後に一転して与党に加わったのでは、政権選択選挙は正面から否定されたに等しいからである。新進党の解党から生まれた自由党や公明党が与党側の連立に踏み切ったケースも同様である。参議院での多数派形成等の事情から連立政権を形成する必要があったにしても、そうであれば、その後できるかぎり早急に総選挙をおこない、改めて民意を問うのが筋であった。

そもそも、このような問題が起こった最大の原因は、前回の総選挙で自民党と政権を争った野党第一党の新進党が九七年末に解党してしまったこと自体にある。首相候補を明示し、五つの契約という言葉で政権政策を掲げて有権者の審判に臨んだ政党が選挙後一年ほどの間に消滅したのでは有権者が政権選択の結果を検証する前提すらなくなってしまう。新進党の解党はこの四年間の政治の混乱の最大の原因と言われても仕方がない。

新しい変化への胎動

もっとも、選挙制度が改革され、第一回目の総選挙を経て第二回目の総選挙を目前にひかえた現在、政治改革がめざした好ましい変化も少しずつではあるが現れている。

有権者の側では、もはや官主導では日本は動かないという認識の深まりとともに、「業績投票」という政権の業績を問う形での投票行動が広がりを見せている。選挙を通じて政権を選択しようという意識の変化は、「政治は誰がやっても同じ」というこれまでの俗説の終わりを告げるものである。ひところ指摘された投票率の低下もここにきて下げどまり、有権者の投じる一票で政治は変わるのだという機運も高まっている。

政治家の側も自己の責任を認識して、国会における政府委員制度の廃止や、内閣強化のための副大臣制導入など政治主導の枠組みづくりに力を傾けている。また、国会の討論を選挙における政権選択につなぐものとして、与野党の党首討論が実施されるようになったのも画期的なことである。

また連立政権側に、統一公約や統一首相候補を明示する動きがあらわれたり、離合集散という印象を与えている恨みはあるものの、野党が常に再編の努力をしているのも、旧来の選挙制度では考えられなかった現象として評価することもできる。このように、萌芽的に現れた好ましい変化を大切にする中から、政治改革が着実に実現へと向かう道筋がつくはずである。

提　言(政治家と有権者に提案したいこと)

一　政党と政治家の責任

政権選択の土俵を明確にしよう

①総選挙は、有権者に「政権選択」「首相選択」を求める場であるから、政党は、選挙後の「政権の枠組み」と「首相候補」を事前に提示して選挙に臨むべきである。そうでない場合は、単独で政権を獲得するための具体的な道筋を有権者に示すべきである。

②政党政治を基盤にしなければ議院内閣制を運営できないのであるから、政党の公認候補者は政党を離れた形での運動は差しひかえるべきである。また、政党が選挙後追加公認をおこなうことや、政治家が当選後の入党をめざして無所属で立候補したり、当選後に政党を変えるのは、ルールに反する。少なくとも双方は、その説明責任を背負うべきである。

③前回の総選挙以後に、政権をめぐる立場を変えた（与党から野党に、あるいは野党から与党へ）政党や政治家は、その理由を有権者にはっきりと説明すべきである。

政策選択に必要な条件を整備しよう

①与党は、前回総選挙以降の実績を踏まえた政策構想を有権者に訴えるべきである。過去の実績とは無関係に将来の構想を述べるのは、政権を担当していながらその責任を果たしていなかったと思われても仕方がない。

②政治家は、所属する政党とは異なる公約を掲げて戦うのは政党政治のルールを破る行為であるとの自覚をもつべきである。もし、公約が異なるのであれ

ば、その集団や個人は離党してから選挙を戦うのがルールというものではないか。

③また、将来の政策構想については、与野党ともに、次の四年間の任期中に、どのような「手順」と「期限」で実現するかを明確な形で示すべきである。とくに、野党の掲げる政策については、なぜ現在の連立与党では実現できないかを具体的に説明しなければ、有権者は意味ある選択ができない。

④政党が選挙で掲げた政策の実行に責任をもつためにも、安定的な閣僚人事と充実したスタッフ体制を整えるとともに、選挙のサイクルと政権や党内人事とを整合させることを、新しいルールとして確立すべきである。

首相候補の直接討論を実現しよう

①政党は、国会での実績をいかし、与野党の首相候補同士による直接対決型の討論を実現すべきである。公示後でも、「共同の政党演説会」としてなら実施できる。また、選挙区レベルでも候補者同士による直接討論の機会を積極的に設けるべきである。

二　有権者の責任（有権者が勝利するために）

悩み、考えぬいて、かならず投票しよう

①投票は、有権者が果たさねばならない最低限の責務である。政治にかぎらず、理想的な選択肢というものはないのだから、悩み、考えぬいて、与えられた選択肢の中から考え得る最善の選択を試みるべきである。それほど、「政権選択選挙」の意味は重い。とにかく、投票所に出かけようではないか。投票しなければ何も始まらないし、棄権をしても政治から逃れることはできない。

②若い世代には、投票を棄権する人が多い。しかし、今回の総選挙は二十一世紀を担う世代の選択こそ生かされねばならない。若い世代は、投票を棄権するということは将来の選択権を他の世代にゆだねることだという自覚をもってほしい。

与党は「業績評価」で、野党は「将来構想」で

①政権を争う衆議院においては政権の行方がもっとも大切なテーマである。とくに、新しい選挙制度は政権の選択を問うものであるから、有権者が投票するにあたっては、候補者よりも政党がつくる政権の枠組みで判断するのがルールにかなっている。

②有権者が投票するにあたってもっとも大切な判断基準は、与党の過去の実績である。それを評価するか、しないかで、投票態度を決めるべきである。野党については、政権待機政党としての将来構想を中心に判断すべきである。その結果、いまの政権が続くほうが好ましいと思えば、与党連合に投票すべきであるし、変化を臨むのであれば、野党のいずれかに投票するのが筋である。それが、「政権選択」を求める新しい制度のルールである。

選挙をもっと有効に活用しよう（選挙の規制緩和を公約させよう）

①現在の公職選挙法には、有権者が選挙の主役となることを妨げるさまざまな

規制が存在している。有権者が政権や政党の業績を評価できる仕組みをととのえるためにも、普及著しいインターネットを利用した選挙活動を自由化したり、公示後でも第三者が党首討論を主催できるようにするなど、「有権者主役」の選挙を妨げる諸々の規制の抜本緩和を、この際、すべての政党、政治家に公約させようではないか。

②有権者の役割は一票を投じることだけではない。たとえば、選挙の場をもっと有効活用し、候補者や政党代表の直接討論を働きかけたり、政策に関する公開質問書を送付しようではないか。その結果、もし、主要な政党がともにある政策に合意したとすれば(たとえば、選挙の規制緩和など)、その政策の実施が選挙期間中に確定したという意味において、それはすでに有権者の勝利である。

「与野党への提案――政治主導をいかす共同作業」

（平成十二年六月三十日公表）

はじめに

第四十二回総選挙が終了した。私たちは、今回の総選挙は二十一世紀に橋渡しをする歴史的な選挙であり、前回総選挙後の政権の業績や政党・政治家の活動を検証し、次の政党政治のサイクルをよりよいものとして始める大切な意義を持っていると主張した。そして、「政権選択選挙」と「業績投票」をキーワードに、日本の政党政治をより成熟させるための試みを政治家と有権者の共同作業として始めることを提案し、有権者には悩み、考え抜いてでも、かならず投票しようと訴えた。

選挙結果については、それぞれの立場によってさまざまな評価の仕方があるだろう。例えば、政権の枠組みと首相候補が選択される形で選挙戦をおこなう機運が高まったのは、今までと比べ、一歩も二歩も前進であったと評価することもできるかもしれない。しかし、政治家と有権者とによる新しいルールの確立を求めてきた私たちの立場からすれば、反省すべき材料もまた多かった。ことに、各方面からの再三の呼びかけにもかかわらず、有権者の投票が伸び悩んだのは、何よりも残念なことであった。また、政権選択という機運がせっかく高まったにもかかわらず、とりわけ野党の側には、それをしっかりと受けとめるだけの十分な戦略も工夫もメッセージも乏しかった。国会での実績をいかした首相候補同士による直接討論も最後まで実現しなかった。

しかし、兎にも角にも、新しい国会の議席が確定した。七月四日には特別国会が召集され、新政権も発足する。いま、大切なのは、与野党の共同作業として、これから始まる次の総選挙までの新たなサイクルをよりよい形でスタートさせることである。そのためにも与野党は、今回の選挙結果を踏まえたしっかりとしたルールを総選挙が終わったこの時点であらためて確認するとともに、これから発足する新政権には、政策を政治主導のもとに実行し得る責任ある体制をつくりあげてもらう必要がある。
私たちは、以上の認識にたち、特別国会の召集を目前にして、以下の緊急提言を公表したいと思う。

一　与野党は選挙結果をいかすルールの確立を

政権枠組みの尊重

選挙中に主張した「政権の枠組み」「首相候補」を大切にし、国民の審判にそった与野党関係を尊重し、それぞれその役割を十分に果たすこと。

所属政党の変更等の自粛

政党は、所属政党の変更や追加公認等を促すような行為は厳に慎むこと。万一そうした行為があった場合には、なぜそうなったのかについて、その説明責任を負うべきである。

選挙公約の実現手順の策定

政権を獲得した側は、どのような「手順」と「タイム・スケジュール」で選挙公約を実現するのか、公約実現計画を早急に公表すること。

野党側の任務

政権を獲得できなかった野党側は、与党側の選挙公約をあらためて精査し、国会等の場を通じてその実現過程と手順を厳しく追求するなかで、自らの政策を有権者に明らかにすること。

また、野党とくに野党第一党は、ただちに今回の総選挙結果を総括し、次の総選挙にむけてリアリティのある政権戦略構想の策定に着手すること。

選挙の土俵にかかわる条件整備

政党は、本年（平成十二年）秋の国勢調査にもとづく選挙区画確定審議会の区割り改定の勧告作業が滞りなくおこなわれる環境を責任をもって整備すること。そのためにも、各都道府県に基礎配分される定数一を見直すのかどうか等について の検討をただちに開始し、秋までに結論を得ること。

政党は、今回の総選挙を検証し、「有権者主役」の選挙の実現にむけて、その障害となる諸々の規制の緩和について早急に検討を始めること。

二　政府と与党一体の責任ある政権枠組みの確立を

政策における一体性の確保

政府と与党がバラバラでは「政治責任」が不明確になる。今後は、政策の一体性を確保するため、無任所大臣などのポストも使って、政策決定上必要と思われる与党幹部はすべて政府に入るべきである。

副大臣制の拡充と党組織との一体化

副大臣や政務官制度の導入にあたっては、その数をできるだけ増やし、与党政策審議機関や国会の役職（関係委員会の理事など）を兼務させることによって、政府機構と与党組織の一体化を促進すべきである。

責任ある閣僚人事

内閣総理大臣を含め閣僚は、次の衆議院選挙までは原則として留任する方針とし、頻繁な内閣改造による交替はおこなわないことを前提に、与党からより抜きの人材を閣僚に任命すべきである。

三　官主導ではなく政治主導の経済財政運営を（経済財政諮問会議の活用）

諮問会議の位置づけ

政治主導による経済財政運営を実現するために、来年（平成十三年）一月から設置される経済財政諮問会議の活用を真剣に考えるべきである。ことに、諮問会議の設置が決まっているのに、類似の組織を置いて、その性格を曖昧にするようなことがあってはならない。

かりに、諮問会議を前倒しで運用するのであれば、諮問会議閣僚メンバーによる「閣僚委員会」を設置すべきである。

諮問会議の任務

諮問会議の任務としては、予算編成や財政運営の基本方針を策定するとともに、概算要求枠の作成や各種計画との調整などについて具体的な手順を明確にすることにより、実質的な検討がおこなわれる場とすべきである。

また、諮問会議は、経済政策や財政のアカウンタビリティー確保のために、関連データの整備および開示の場とすべきである。たとえば、四半期ごとの財政状況に関するデータ(予算執行状況、政府支出水準の推移、およびそのGDP比など)を整備し、開示することを任務としたらどうか。

分科会の設置

政策決定において客観的な分析を参考にする体制をつくるため、四名以上と規定されている民間の学識経験者枠には、経済学者あるいは経済分析の専門家を充て、しかもそれを常勤のポストとするとともに、学識経験者枠委員による分科会を設け、独自の事務局をつけるべきである。なお、これらを実現するために必要な法改正をおこなうべきである。

また、常勤となる学識経験者には、二年の任期が終わった時点で出身組織（大学やシンクタンクなど）へ戻れるようにすべきである。さらに、分科会に置く事務局には経済分析の制度を整える基礎作業のために、分析の専門家（若手経済学者など）を十名程度雇用する体制をつくることも検討されるべきである。

政治任命職への民間人の積極活用

一般に、内閣官房および内閣府においては、たとえば、官房副長官補や統括官に官僚出身者以外の民間人から適材を配置すべきである。そして、諮問会議についてもその独立性を維持するための十分な方策を講じるべきである。

「すべての政治家と国民に問う――自民党総裁選にあたって」

（平成十三年四月十九日公表）

すべての政治家に問う

経済危機が一段と深刻な様相を見せる中、政党政治が正念場に立たされている。日本の政権寿命はいよいよ短くなり、選挙による「国民の審判と政権選択」は、無残なほど破壊された。政党、政治家の言葉の軽さと政党政治の原理原則を無視した行動は、国民の手の届かないところで不毛な権力ゲームがおこなわれているという国民の苛立ちと深刻な政党不信を生みだしている。

一連の政治改革、行政改革の到達点として導入された政治主導は、いともたやすく「政治家主導」や「与党主導」に置き変えられ、政治の無責任体制に拍車をかけている。政策を実行する体制やリーダーシップを欠いたまま、責任の所在も定かではない言葉だけの改革や対策が飛びかい、それがさらに国民や市場の不信をもたらしている。

このまま事態を放置すれば、「解決策があるのに実行できない」段階から、「解決策のない」段階へと向かいかねないにもかかわらず、政党、政治家には、国民生活を覆う諸課題と真正面から向き合う気力も見られない。それどころか、かつての棲み分け的な中選挙区制に郷愁を抱き、あるいは、安易な首相公選論に逃げ込もうとするさまは、まさに政党、政治家の「統治能力の危機」を物語るものである。

すべての政党、政治家は、いまや「政党そのものが国民から見放されつつある」という深刻な危機感に立って、何よりもまず、議会政治を使いこなす懸命の努力をおこなうべきである。それなしの制度いじりや政界再編は、「政党政治の自殺」以外の何ものでもないことを自覚すべきである。

与党に問う――自民党新総裁は責任ある政治主導体制の確立を

これまで与党は、日本の政治が官僚主導体制と決別するシンボルとして選択した政治主導体制の運営にあまりにも無自覚であった。それが、政権から政策運営の求心力を奪い、政治の自己消耗を加速させてきた。内閣不信任案を否決しつつ、同時に首相交代を画策するさまは、党内事情が内閣に優先し、国民や選挙と切り離されたところで内輪の消耗戦を繰り返す戦後日本政治の体質を端的に示している。

与党の立場にあるすべての政党、政治家は、長年の政治改革、行政改革の上に構想された今般の政治主導は、選挙において示された国民の選択にもとづき、政策の責任ある実行にむけて「首相を中心とする内閣主導」体制の構築をめざすものであり、政治家が行政に個別介入する「政治家主導」や、内閣とは別個に与党が政策に関する発言を繰り返し、決定を左右しようとする「与党主導」とは、明らかに異なるものであることを、この際、はっきりと確認すべきである。

また、少なくとも自民党新総裁は、新しい政権の発足にあたっては、①政策の決定に関する「政府と与党の二重体制」を解消し、政府・与党の指導体制を内閣の下に一元化すること、②そのためにも、派閥順送り人事を排し、政策決定上必要と思われる与党幹部はすべて政府に入ること、③与党議員の行政との接触はすべて大臣、副大臣、政務官を介しておこない、官僚の側も与党機関や個々の議員と直接接触し、政府・与党間折衝に従事するこれまでの政治慣行を廃止するなど、「政と官の新たなルール」の確立を公約すべきである。

野党に問う——参議院選挙にむけ「連立枠組み」の明確化を

自民党総裁選をめぐる報道が加熱するなかで、野党の存在感はあまりにも薄い。今回の自民党総裁選は与党側の「首相候補」が誕生することを意味しており、党員による予備選挙をおこなうなど、まがりなりにも、変わろうとする努力も始めている。

ところが、野党の側は自民党総裁候補の中から政権枠組みの変更にかかわる発言が繰り返されているにもかかわらず、国民に対しどのような選択肢を提示しようとしているのかが、いまなお、いっこうに見えてこない。

民主党をはじめ野党各党は七月の参議院選挙が事実上、政権選択選挙に匹敵する意味合いを持ちつつあることを再認識し、自民党総裁選のタイミングをとらえ、「首相候補」と「政権政策」を含む政権の「連立枠組み」をでき得るかぎり早急に国民に示し、五月連休明け以降の国会論戦の中で与党との違いを明らかにすべきである。

主権者国民に問う――政治を傍観する時代は終わった

政治をくさし、傍観していればよい時代は終わりを告げた。出口のない不況の中でおこなわれる今回の自民党総裁選挙にあたり、私たち国民は何よりもこのことを確認しなければならないと思う。

私たちは、これまで、あまりにも政治に臆病だった。しかし、各界の責任ある立場の者は、政治に臆病であることを恥じ、言うべきことをはっきりと言わねばならない時期を迎えている。今日の政党に人材がいないと思うのであれば、政治家の給源を広げるため、何をなすべきかについての真剣な検討も始めねばならない。

いま、おこなわれている総裁選はほとんどの国民には関係のない自民党内の争いでしかない。私たち国民の出番は選挙である。選挙は、国民にその意思があれば、一夜にして政権を交代させることもできる「日常的な革命」の場にほかならない。

私たち国民は与野党双方に政権選択の条件整備を求めつつ、まずは、あと三ヶ月後に迫った参議院選挙で決着をつける覚悟をもち、これから始まる数ヶ月を真剣に見守る責務がある。

「現下の選挙制度改革論議に関する緊急声明」

（平成十三年十月三十一日公表）

与党関係者の迷走を憂う

過日、自民、公明、保守の与党三党関係者は、衆議院小選挙区の一票の格差是正にあたり、現行制度において東京二十三区や市の行政区を分割している小選挙区を合区し、東京、岡山、川崎などで二つの三人区と十二の二人区を新設することを内容とする中選挙区制（複数定員区）一部復活案で合意した。

この合意案にもとづく今国会法案提出は当面、先送りにされる見通しにあるものの、本年（平成十三年）十二月に予定されている衆議院議員選挙区画定審議会の区割り改正案勧告の凍結や、かりに勧告されたとしても法案化作業や国会提出が先延ばしにされる事態も取りざたされている。また、そもそも現行制度の根幹に関わる見直しを求める動きが依然続いており、予断を許さない状況にある。

われわれは、このような与党間における最近の選挙制度改革論議の迷走ぶりを憂慮し、あらためて先の政治改革論議において小選挙区比例代表並立制が求められた理由と経緯をここに示し、すべての与党関係者に対し、小選挙区制原理の根幹を歪めるような、いかなる方針も速やかに撤回することを求めるものである。

そして、決められたルールに従い、本年末に予定されている衆議院議員選挙区画定審議会の区割り改正案勧告を凍結することなく予定どおりおこない、答申された勧告を遵守し、遅滞なく法案化し、着実に実施することを求めるとともに、そのためにも小泉首相には、いまこそ、その指導力を発揮するよう求めるものである。

小選挙区制原理の尊重を――中選挙区制復活論を批判する

選挙制度はその国の民主政治のかたちを決める最も根幹の制度である。どのような制度を選択するかによって、その国の政党や政治家のあり方が決まり、そこで営まれる政党政治の姿や国会の性格、政府の形成に至るすべての政治の仕組みが左右される。

これまでわが国は、めざすべき政治の姿とそれを実現するにふさわしい選挙制度のあり方をめぐり、竹下、宇野、海部、宮沢、細川、羽田、村山の七代の内閣を費やし、質量ともに膨大な議論を積み上げてきた。同じ政党の候補者同士が一つの選挙区の中で争わねばならないかつての中選挙区制は、政党間の競争を上回る熾烈な党内競争(いわゆる同士討ち)を生み、候補者を地元サービス、利益誘導競争へと向かわせ、派閥政治を助長し、「政策よりカネ」の金権選挙の温床となってきた。また一〇数%の得票で議席を獲得できることが政党間の棲み分けと現状への安住を許容し、政党政治全体を停滞させ、政権交代のない「もたれあい」の政治風土を生み出してきた。

小選挙区比代表並立制という現在の制度は、こうした日本政治の閉塞状況を打破するために導入された。比例代表を加味することで少数意見にも一定の配慮をおこないつつ、小選挙区制を制度の根幹に据えることで、選挙において示される民意を国民による「直接的な政権選択権の行使」(首相の選択、政策の選択)という形に集約し、将来的には二大政党または二大勢力による政権交代可能な政治の仕組みを実現することがめざされたのである。

政党は「首相候補」と明確な「政権政策」を掲げて選挙に臨み、国民の審判の結果、多数を制した政党が政権を獲得し、選挙で示された民意を拠り所として政治的リーダーシップを確立する。首相を中心とする内閣主導(政治主導)で果断に政策を実行し、政策に失敗すれば次の選挙で国民の鉄槌を浴び、場合によって劇的な政権交代が起こる。「決定」と「責任」の所在が明確なこうした選挙から選挙への政党政治のサイクルを構築することによって、日本政治のダイナミズムを再生することが求められてきた。

小選挙区制原理は二回の総選挙を経て、政党と国民の双方でようやく定着の兆しを見せている。国民の間でも、過去の政権の実績を評価するか否かで投票態度を決める「業績投票」の考え方が浸透しつつある。それればかりではない。

前回の選挙制度改革と同時に政党助成制度が導入され、その後も、政府委員制度の廃止や副大臣・政務官制の導入、官邸機能の強化などの制度改革が矢継ぎ早に進められてきた。

こうした諸々の制度改革も、そしていま、小泉首相が構造改革に取り組むための足場としている「首相を中心とする内閣主導体制」も、そのすべてが、選挙において示された民意を政権選択権の行使という形に集約する小選挙区制原理にもとづいて組み立てられたものであることを忘れてはならない。

中選挙区制は原理的にみれば準比例代表制に近い。これから先、かりに与党合意案やそれに準ずるような妥協案が成立すれば、こうした小選挙区制の原則は覆され、人口の少ない地方では小選挙区制、人口の多い都市部では複数定員区（中選挙区制）、その上に比例代表制が存在するという、目的も原理も異なる複数の制度が無原則に混在する世界に類例のない奇妙な選挙制度が誕生し、選挙における民意がどのような原則のもとに集約され、国民は選挙において何を選択したのかさえわからなくなる。

まさに、どのような政治を理想とし、いかなる政党政治をめざすのかといった基本的な哲学や理念、目的、原則のない今般の制度論議は選挙制度改革の名にも値せず、ゲリマンダーや党利党略の謗《そし》りさえ免れない。与党関係者は、中選挙区制の復活をはじめとする無原則な制度いじりは、日本政治の再生にかけたこれまでの努力の積み重ねを台無しにし、いままさに求められている政治主導体制の確立をその根本から危うくする「矛盾に満ちた行為」であることに気づく必要がある。

一票の価値の平等にむけ「改正案勧告」の遵守を

現在、衆議院議員選挙区画定審議会が本年末を目途に作業を進めている小選挙区の区割り改正案勧告は十年ごとに小選挙区の区割りの見直しを行う旨の法律にもとづいて行われるものであり、一連の政治改革関連法が成立した際の約束事である。今回の改正作業はその第一回目にあたり、次の区割りの見直しはさらに十年後を待たねばならない。

与党関係者の間では、国会議員の選挙区が自治体の首長や地方議員より狭いのは不自然であることや、自治体の行政区画が分割されるのは好ましくないといった理屈がしばしば語られる。しかしながら、そもそも国会議員は特定地域の代表ではなく、あくまでも全国民の代表であり、その選挙区が自治体の行政区画と一致している必要は必ずしも見当たらない。また、自治体の首長や地方議員の選挙区より狭いとしても決して不自然なことではない。

これを不自然と考えるのは、国会議員のほうが首長や地方議員よりも偉いのだという中央集権的な事大主義にほかならない。英国下院や米国下院をはじめとする世界の議会では、一票の価値の平等を実現することが最も大切にされ、そのためには、政党、政治家の都合や自治体の行政区画にとらわれず、決められたルールにもとづいて、定期的かつ、きわめて機械的に区割りの見直し作業がおこなわれていることをあらためて学ぶ必要がある。

そもそも、与党三党が支えるべき小泉首相自身は、先の国会において、「一票の格差を二倍以内に抑えるため、各都道府県にまず一人を割り当てる現行の基礎配分方式は全国的な観点から見直すことが好ましい」と答弁したではないか。

いま、与党関係者がなすべきことは、本年十二月に予定されている衆議院議員選挙区画定審議会の改正案勧告を遵守し、勧告がなされたならば、ただちに法案を提出するなど、決められたルールどおりに着実に実施することである。

かりに、さらにそれ以上の抜本是正を本年末の改正案勧告にあたっておこなうというのであれば、中選挙区制の復活などに寄り道をせず、現行制度のもとで一票の価値の平等を実現する妨げとなっている「基礎配分条項」の廃止に着手することこそ本来の道筋である。

少なくとも、現行制度を見直そうとする与党間調整を口実に、本年末に予定されている審議会の改正案勧告を反故にするようなことだけは、決してやってはならない。

与党関係者は、一部の政党の都合によって制度を恣意的に変えたり、改正案勧告を凍結・先延ばしあるいは反故にするような事態になれば、選挙そのものにたいする国民の信頼が失われてしまうことに気づくべきである。

日本政治の「ルール感覚」が問われている

重ねて与党関係者に問う。いま、わが国は未曾有の危機に直面している。米国同時多発テロへの対応をめぐり、国際社会におけるわが国の生き方が厳しく問われている。経済はいよいよ正念場を迎え、限られた時間の中で危機管理に万全を期し、諸改革を進める政治の戦略と指導力が求められている。

しかも、小泉内閣は「聖域なき構造改革」を旗印に国民に痛みのともなう改革への理解と協力を求めている最中にある。にもかかわらず、それを支えるべき与党側がルールを曲げ、自己保身に汲々とすれば、国民の理解など到底得られるはずがない。それは、小泉内閣への国民的な信用を著しく傷つけるのみならず、わが国の政治がルール感覚に無神経かつ無頓着であることを、国際社会に宣言するようなものであることを認識する必要がある。

一部の政党の都合に振り回され、中選挙区制の復活や無原則な制度いじりを目論む余裕など、いまの日本にはない。すべての政党、政治家の言動がかつてない厳しい目で国民に注目されていることを、与党関係者は一刻も早く気づくべきである。

第四部　衆議院議長諮問

「衆議院改革に関する調査会答申」

（平成十三年十一月十九日公表）

衆議院改革に関する調査会は、本年四月、綿貫民輔衆議院議長から委嘱を受け発足して以来、国民の視点に立って、議会の外から議会政治のあるべき姿や政治家の理想像を追究すべく、「政治倫理に関する事項」、「国政審議の在り方に関する事項」および「議員の諸経費に関する事項」について精力的に論議を重ね、本日ここに、答申を取りまとめましたので、ご報告いたします。

平成十三年十一月十九日

衆議院改革に関する調査会

会　長　瀬島龍三

会長代理　加藤　寛

石原信雄

稲盛和夫

上田　章

氏家齊一郎

木村慶子
長岡實
羽佐間重彰
諸井虔
屋山太郎
鷲尾悦也

衆議院議長　綿貫民輔殿

一　答申の基本理念

国会は、国権の最高機関であって、国の唯一の立法機関である。それを構成するのは、主権者たる国民の代表として国政を信託された国会議員である。国会議員はこの厳粛な地位に深く想いを致し、職責の遂行に真摯に取り組むことが望まれている。

ということは、国民の代表として、国会議員には議員活動を遂行するにあたって高度な倫理性が求められることはいうまでもない。

国会議員は、かりそめにも国民から疑念や不信感を抱かれることのないよう自らを律する厳しさが求められる。

それは単に、国会議員は一部の利益団体の代弁者であってはならず、広く国家の利益・国民の福祉を念頭に専心、行動することを意味しており、それが社会的に認知された倫理である。

にもかかわらず、いまだに国民の信頼や期待に応えられない事件が散見されることは残念至極と言わざるを得ず、個々の国会議員の倫理性の喚起と国会としての自浄能力の発揮を強く求めるものである。

その意味でも、政治倫理確立に向けた何らかの立法措置を早急に講ずる必要がある。

政党は、国民の意思を統合して国家意思を形成すべく活動する重要な団体であり、自ら存在意義を十分に認識した行動をとることが強く望まれる。

国会が議会制民主主義を体現し、国民の負託に応えようとするならば、その時々の国民的諸課題に迅速に取り組み、審議を通じて個人または一部団体利益の代弁者の立場をこえて、国民の期待と要望に的確に応えていくことが肝要である。

そのためにも、国会は実質的な論議をおこない、国会審議の形骸化を打破すべきである。

国会審議を実質化させるためには、国会が言論の府として、本来のあるべき姿に立ち返り、本会議、委員会等の表舞台で審議を活性化させることが何よりも重要といえる。

国会審議の活性化・実質化とともに重要なのが、国会運営の透明性である。国会運営は、与野党の共同責任のもと、あくまでも国民の目に見える形でおこなわれるべきであり、これによって活性化され実質化される。

国会議員が以上に述べた職責を十全に遂行できるようにするためには、ソフト・ハード両面での一層の環境整備が必要である。ソフト面では議員の政策立案の補佐をする立法調査機能の拡充強化が、ハード面では議員活動の拠点ともいうべき議員会館の整備がはかられなければならない。

昨今の情報技術の進歩や情報公開の進展と相まって、国民の国会に寄せる関心はこれまでにも増して高まってきている。国会情報公開のための機関を設置するなどして、国民と国会とを双方向で繋ぐ情報のネットワークを構築する必要がある。折から、世は聖域なき構造改革を迫られている。それは、国会といえども決して例外ではない。

国会議員は、広い視野と深い識見をもち、かつ従来の発想に捉われることなく、真に国民の視点に立った国会改革に果敢に取り組んでいくことが強く求められる。本答申の具体化・実現化が早急にはかられることを強く求めるものである。

二　政治倫理の確立に向けて――政治倫理基本法の制定

われわれ国民は、個々の政治家に対し選挙を通じて国政について信託を与え、すべての政治家が国のため、国民のために国会議員としての職務に精励することを期待している。

国会議員は、主権者たる国民の信託を受けている特殊な地位にある者、強大な権限を有する者である以上、社会的認知を受けた高い倫理観を有していることが求められている。

しかし、現状に目を向けてみると、われわれ国民からは国民全体の利益でなく、私的利益を求めているのではないかとの疑念が拭い去れないような場合もまま見受けられることは遺憾である。自らの秘書の給与を詐取する等、議員としての資質を問われる事件が現出しており、また、詐欺事件で収監中にもかかわらず歳費が支給され続ける制度が放置される等、政治家に対する国民の信頼は残念ながら揺らいでいるといえる。

政治倫理は、まずは国会議員が道義的、信条的に自らを律する問題であるが、議院で辞職勧告決議案を出されるような事件を起こしても道義的責任を感じないような議員が存在することも事実である。

議員の身分は国民の選挙により与えられるものであり、多数決をもって簡単に剥奪して良いほど軽いものではない。とは言え、そのような事件を起こしたにもかかわらず、議員の地位にとどまり続けることは、一議員の問題ではなく議院全体に対する国民の不信を増幅することになりかねない。

政治倫理は社会的認知を受けることによって法律で律せられるものであり、政治家の倫理に関する基本法を制定し、国会議員として守るべき規範を明確にし、議員活動の公正性と透明性を高める必要がある。

現在、政治倫理綱領、行為規範、資産等公開法、政治資金規正法など政治倫理に関係する多数の法令等は現実の事件、疑惑を契機として、その都度、いわば対症療法的につくられたものが多く、全体として見た場合、必ずしも政治倫理が求められる思想が明確でないため、時代に適合し整合性をもった「政治倫理基本法」(仮称)を新たに制定すべきである。

「政治倫理基本法」を制定する際には、少なくとも議員辞職勧告決議案が議院で可決された場合の議員身分の剥奪、議員の資産公開における資産の増減が明確になる制度、議員の資産報告等の内容をチェックするための第三者機関の設置を織り込むべきである。

議員の活動に対しては、議院の自律権として懲罰制度が存在するが、これは議員が組織体としての院内の秩序を乱した場合の行為に限定されている。

しかし、われわれ国民の目から見ると、国会議員に求められる倫理はひとり議院内の秩序を乱した行為に限定されるものではなく、院外における行為であっても、議員としての信用失墜行為を対象とすべきである。それが社会的認知を受けた倫理の基本である。

三　国政審議の活性化、実質化、透明性にむけて

民主政治は議論を通して相手を説得し、いかに社会的な認知を得るか、そういう努力の過程を経て初めて実現されるものである。

われわれ国民の目に映る国会の審議は、討議と説得を通して最善の選択をおこなうという本来の意味での国会審議とは見えにくく、また、政策決定過程の大部分が国民にとって透明性を欠くものとなっている。

国会審議の現状は事実上結論が出てしまっている問題を厳しい党議拘束の下、与党が野党の抵抗を排しながらいかに「出口」にたどり着くかというスケジュール闘争の場になりがちであり、実質的な議論や利害調整はいわゆる政党の部会など

における事前審査、政府と与党の予算折衝、政府と業界との調整という一般国民の目の届きにくい所でおこなわれている。

このような現状を打破して、国会が本来の姿を取り戻し、選挙で選ばれた国民の代表者が英知を集め、「表舞台」で議論を重ねた上で最終的な意思決定を得るように国会審議の在り方を改善すべきである。

また、政治と私的利益の癒着を防止し、政治倫理を確立するためにも、国会審議を活性化し、実質化させ、国民の前にオープンな形で議論し、調整することが必要である。

国民生活にかかわる問題等について委員会や本会議における議論を通じて有権者に政策の争点を明らかにすることが重要であり、このことは与野党を問わず、それぞれの立場で国民に対し説明責任を負っているといえる。

国民の側からは国会における意思形成の過程が明らかであって、次回の国政選挙の判断材料となることが重要である。

以上のような観点から、次の具体的事項を提言する。

「党首討論」はシャドーキャビネットも視野に入れる

国家の基本的な政策について大所高所から議論をおこなう場とし、その際、可能な限りテーマを事前に公表し、国民に関心を持たせるようにすべきである。また、党首間の討論に限らず、テーマに合わせて、担当大臣と野党の担当政策責任者間の討論もおこなえるようにすべきである。現行の討論時間の四十分についてはそのままとし、その代わり、原則として毎週開催するようにすべきである。また、質問が重複したり、細切れで終わったりしないよう野党間で質問者等の調整をおこなうようにすべきである。

将来的には、いわゆるシャドーキャビネットの制度化をはかり、それに対する財政的支援をおこなうことも検討すべきである。

予算委員会の議論は予算に即したものとする

予算委員会は従前より国会審議の中心として国政全般にかかる議論がなされてきたところであるが、平成十二年に国家基本政策委員会が設置されたことに鑑み、国家の基本的な政策についての議論は国家基本政策委員会に譲り、予算委員会では、予算の骨格となる「外交・防衛問題」、「経済政策の在り方」、「財政・税制問題」、「社会保障制度の在り方」等について議論をおこなうことが望ましい。

予算に関係しない、いわゆるスキャンダル等は政治倫理をテーマとした質疑の機会と場所を別途設けておこなう等、予算審査は、できるだけ予算に即しておこなうようにすべきである。

国会運営は議院の公式機関がおこなう

現在の国会運営を見るに、議院内の公式機関ではなく政党の一機関にすぎない国会対策委員会間の協議で、議院運営委員会をはじめとするすべての委員会運営に関する事項が事実上決定されているために、その交渉過程が国民の目に分かりにくく、国民の政治不信を助長しているのではないか。

国会運営に関する事実上の権限を議院運営委員会をはじめ各委員会に取り戻し、その議論の過程を国民に明らかにすることが、国民の政治不信を払拭する点からも重要である。

党議拘束を緩和する

法律案や予算が国会で審議されて決まるという過程が国民から見て明らかになるようにするため、与党の事前審査は政府の原案が決まった後におこなうようにすべきである。また、事前審査は政府提出法律案の国会提出の是非と時期の判断にとどめ、後は国会での議論を通じて、最終的な政党としての判断ないし党議拘束をおこなうように改めるべきである。

請願を積極的に活用する

請願は憲法第十六条に定められる国民の重要な権利である。請願審査の在り方について、ハンセン病問題で指摘された国会の立法不作為を契機として、その問題点が改めて問われることになった。

請願の内容をどのように処理するかについて、一義的には送付を受けた行政府の判断を待つとしても、国会自ら、請願を立法措置を講ずるための重要な判断材料として積極的に活用すべきである。

本会議趣旨説明は制度本来の姿に戻す

各会派は、本来の制度趣旨に立ち返り、本会議の趣旨説明がなされた後でなければ委員会に付託しないという、いわゆる「つるし」を議院に提出された法律案のほとんどすべてにつけるべきではなく、真に趣旨説明を聴取したいものに限り、その要求をするように改めるべきである。

議院に提出された法律案は、直ちに委員会に付託し委員会の審査を待って本会議に上程するという委員会中心主義の原則にのっとり、議院運営委員会としては、本会議で趣旨説明を聴取し全議員に周知徹底させるべき法律案を厳選し、その他の法律案は直ちに各委員会に付託し、各委員会の判断で審査をおこなわせるよう改めるべきである。

国会会期を長期化する

国会は、目まぐるしく変化する国際情勢、政治・経済・社会情勢に幅広くかつ即効的に対応できるものでなければならない。

会期制および会期不継続の原則は、議会制度の根幹をなすものであり、とくに憲法が会期制を前提にしていることからたやすく変更できるものではないが、常会(通常国会)の会期はより長期なものとすることが求められる。

このことにより、国民生活に関わる重要法案について、時間を充分にかけて論議し、国会としての意思決定をおこなえるというメリットが生まれる。

その際、会期の長期化にともなう行政への影響を少なくするために、会期中重要な国際会議等に大臣が出席する必要がある場合、本会議・委員会での答弁を副大臣・政務官がおこなうことを幅広く認めることにする等、積極的に活用するルールを確立すべきである。

四　議員の諸経費等について

現在、わが国においては、戦後連綿と続いた諸制度が硬直化し、国際情勢や社会経済基盤の変化、国民意識の変化に対応できなくなりつつあり、あまたの分野で制度の再構築が喫緊の課題となり、社会全体の構造改革が求められている。

これら社会全般の構造改革に対して、国会だけが例外、聖域であるというわけにはいかないことは当然であり、現行制度の存在理由および妥当性を個別に検証して合理化を進め、制定当初の趣旨が現在においてすでに喪失していると考えられるもの、あるいは、他に代替するものが整備されているにもかかわらず、依然として存続している制度は改廃すべきである。

その中においても、国会議員が議員としての活動を充分におこない、国民の負託に応えていくため必要な制度や経費を維持、整備することは国民の理解を得られるものと考える。たとえば、議員歳費については、欧米との比較において妥当な金額といえるものであるが、今般の国の財政事情、今後の構造改革への取り組みの視点から、これを引き下げるべきとの意見もあった。

いずれにせよ、議員活動にかかる経費等の国民への透明性を高めていく方策を講じていくことが大前提でなければならない。

以上のような観点から、次の具体的事項を提言する。

議員の歳費に日割り支給を導入する

議員の歳費については、任期開始時及び終了時に一ヶ月のうち数日しか在職していないにもかかわらず、その月分全額支給されることは、国民感情から理解されるものではない。これらの場合の歳費は日割りで支給すべきである。

収監中または登院停止の議員に歳費を支給することは国民感情に反する。議員の身分の保障の問題もあろうが、議員としての職責を果たし得ない以上、供託等何らかの方策を講ずるべきである。

永年在職議員の特典を廃止する

永年在職表彰議員特別交通費および肖像画ならびに憲政功労年金については、永く議員を勤めたこと、それ自体は名誉なことであるが、特典をもって報いることが必ずしも適当であるとは考えられないので、これらは廃止すべきである。

また、弔慰金については現在、年金制度、公務災害補償制度が整っており、国会議員のほかに同種の制度が見当たらないこともあり、これを廃止すべきである。

国会議員互助年金は議員の退職金を年金で支給するものであるが、現在、給付財源のうち国庫の負担が七〇%を超えており、議員の納付金の総額と国庫負担の額との均衡を失している。年金給付額の引き下げや納付金の引き上げなど収支の均衡が取れる方策を講ずるべきである。

立法事務費および文書通信交通滞在費の使途を明らかにする

立法事務費については、政党交付金の制度ができたのだから、現行の会派支給を止め、これを議員に支給し、議員の立法活動の使用に供するべきである。

立法事務費および文書通信交通滞在費は実費弁償的なものであり、議員活動に必要不可欠であるものの、領収書等を付した使途の報告書の提出を義務付け、報告書を閲覧に供するべきである。

新議員会館および議員宿舎を建設する

現在の議員会館は、経年に伴う老朽化の進行、議員事務室の狭隘化、高度情報化への対応の不備等のため議員活動に支障を来している。

現在、国会において国会等の移転について結論を導くための議論がなされていることは承知しているが、かりに移転候補先が決まったとしても、物理的に移転作業を進めるまでにはかなりの期間を要し、それまで現議員会館を使い続けるのでは、議員活動に著しい支障を来すことになるので、早急に新議員会館を建設すべきである。

議員宿舎についても、経年にともなう老朽化が著しいため、新たな議員宿舎を建設する必要がある。

会派割り当て自動車を民間借り上げとする

会派割り当て自動車については、都内を移動する場合等議員の交通手段として必要であるので存続させることに異論はないが、民間借り上げ方式にする等効率化をはかるべきである。

議員秘書の氏名、経験年数を公表する

秘書制度を、雇用人数、給与等の決定で、もっと弾力的な運用がはかれる「総額一括方式」のようなシステムにし、その際は、使途について国民がチェックできるようにするため、厳格な採用報告書等の提出を求めてはとの考えもあるが、現行の秘書制度は、明確な勤務時間等の基準のない弱い立場にある秘書の身分の安定をはかってきたという側面があり、制度を変えることは秘書に重労働と低給料をもたらしかねず、結果的に秘書の質が低下しかねないとの懸念もあり、将来は弾力的な運用がはかれる秘書制度を検討するとして、当分の間は現行制度を維持することとする。

また、政策担当秘書の活用の観点から、政策担当秘書を政党に適宜派遣し、専門集団として政策立案に積極的に関与させたらどうか。

なお、秘書の採用等をめぐる不祥事の再発防止をはかるため、秘書の氏名および秘書経験年数は公開すべきである。

衆・参事務局組織の統合を推進する

事務局の組織は、すべて何らかの形で全体で議員の活動を支えているものであるが、国会の機能をより一層充実、強化させるためには、事務局組織の見直しをおこなうことも必要である。

その際、時代の潮流、議員のニーズに応じて不断に見直しをおこない、廃止すべきもの、民間に委託すべきものを自ら整理し、経費を削減すべきである。

憲法が二院制をとっているからといって、衆参両院の事務局組織がすべて独立している必然性はないと考える。

両院の審議の独立性を阻害しない範囲で、すなわち、審議の機関に当然付置しなければならない部門は別にして、ことに国会全体の機能を一層充実強化させるために必要な部門、たとえば衆議院、参議院、国立国会図書館にある調査部門および立法補佐部門についてスケールメリットの観点から両院の協力において何らかの統合をすべきものと考える。

また、衆・参両院における速記方法の統一等、事務の効率化を進めるべきである。

国会情報を高度情報化時代に即応した方法で発信する

国民が、国会情報、議員や本会議、委員会等の活動情報を知り、理解することは民主主義にとって有意義なことであるので、これらの情報をより迅速、詳細かつ容易に入手できるよう、広報活動強化のための「国会情報センター」(仮称)を設置すべきである。

同センターでは、インターネットや国民にとって最も身近なメディアであるテレビチャンネルを活用し、双方向での情報の受発信が可能となるようにすべきである。

また、それらの情報を諸外国により広く知らしめることは、わが国に対する理解を深める上で重要なことであるから、外国に対する情報提供についてもより一層充実させるべきである。

議員が院の派遣によって、海外において各国の議会制度等を研究し、また、議会人と交流した場合、報告書の提出を義務づけ、閲覧に供するべきである。

第五部　自民党国家戦略本部・国家ビジョン策定委員会基本方針案

「新しい政治システム：オープンで実行力のある国」

（平成十三年十二月二十六日公表）

先般のわが党の総裁選挙は、大方の予想をはるかに超えて永田町の数や論理を吹き飛ばす結果となった。痛みを乗り越え、わが国を抜本的に変えて欲しいという国民の大きな期待が、小泉総裁を生み出した。

この小泉政権は、時代が強く求めている「新しい日本の創造」という歴史的大事業を実現するために、これに立ちはだかる問題に「恐れず、ひるまず、とらわれず」に立ち向かっている。この機会を逃して日本再生の道はない。

日本の未来と創造のためには、首相を中心として時代の課題を的確かつ迅速に処理する、問題解決能力の高い内閣が必要である。また国民の前で活発に議論を尽くし、民意を統合して立法し、内閣を適切にチェックする国会の構築も必要である。

責任政党であるわが党は、これまで日本の成功をリードし、大きく貢献をしてきた。すなわち欧米モデルという目標があった時代は、縦割り行政のもとでの個別利害調整型・積み上げ型の政策決定が、国民のニーズを吸い上げ、効率よく機能し、世界の奇蹟と言われた経済大国への道をひらいた。しかし、今やその従来型の発想や手法では日本の直面する課題に対処することができないことは明らかである。日本の持てる潜在能力を最大限に活かし、国民に夢と希望を与える新しい国づくりへと向かうためには、首相主導による新しい政治システムの構築が必要不可欠である。党はこれを有効かつ適切に支援し、新しい日本の創造のため、一層大きな責務を果たしてゆかねばならない。

議院内閣制は、国民の代表たる議員で構成された国会に対し内閣が責任を持ち、その最高責任者である首相が最終的に国民に対し責任を負うシステムである。また真の政党政治は首相候補とその政策を示し選挙を行い、常に国民と時代のニーズを内閣に伝える役割を担っている。したがって、最終的に責任を持たねばならない立場の者が、政治の意思決定を行うという大原則に立ち、内閣と党のあるべき姿を描き、党の政策決定を内閣に一元化することを提言する。

今こそ、国家ビジョンの全体像を描ききり、その理念の下に国民と響き合う力強い政治を実現すべきである。

一　内閣・行政府の改革

国家の政策決定を迅速・的確に行うため、これまでも進められてきた内閣と行政府の機能をさらに強化する。

①閣議を実質的総合調整の場とする。

②内閣の基本方針を共有し、チームとして一体化をはかるため、首相が大臣・副大臣・政務官を任命する。

③内閣の問題解決能力を高めるため、内閣およびそれを支える組織の人的資源充実が不可欠である。

④首相に必要な情報が集中するよう、内閣官房等の情報関連部門を格段に充実する。

⑤首相官邸の報道対応を補佐する体制を強化・拡充する

二　内閣と与党の関係の改革

国家の生き残りをかけた激しい国際競争の時代を迎え、諸外国や民間が非常に厳しく改革をすすめている中、国政の迅速的確な意思決定の新しいシステムを確立することは、わが国の最重要課題である。

①決定と責任の帰属はあいまいにしてはならない。責任の所在を明確にすることが、国民とともに歩む真の指導力を生むことになる。

②議院内閣制本来の趣旨と「決定と責任の一致」という大原則に立って、首相主導のもと、内閣はその責任において、最終的に法案や予算を決定すべきである。本来、わが党の党則はこの基本原則に立っている。「党が決めなければ内閣は何もできない」という現在のシステムは明らかに慣行にすぎない。したがって、与党の事前審査手続き慣行についてはこれを簡略化・合理化する新しいルールを検討する。

③党は国民の多様なニーズをくみ上げ、迅速に内閣の政策にこれを反映させる

ために、有効かつ適切に内閣を支援する。総合的・戦略的な政策立案の組織を工夫するなど党の政策形成機能を充実強化する。

④党は国政選挙において、首相候補と政権としての政策を明示し、国民の付託を受け、国政の運営にあたる。

三　国会審議の改革

内閣と党の新しい意思決定システムの見直しにともない、国会審議のあり方を見直す。

①党議拘束の新しいルールを検討する。

②党所属国会議員は、これまで党の政策決定の過程で行われてきた優れた議論や、多様な考えを、言論の府である国会の場で明らかにし、また議員立法をするなど、国会論議を活性化させその責任を果たす。

③そのために、内閣と党の国会活動については、衆議院議長の私的諮問機関の答申や21世紀臨調の提言を参考に、その新しいあり方を検討する。

四　政治及び政策分野での人材確保、登用、育成策

あらゆる制度・組織と同様、新しい政治のシステムの成否はそれを担う人によって決定する。民間が必死の努力を続けている今、政治及び政策分野での有能な人材確保・登用、育成は国家の命運を決するものである。

①政治家に有能な人材確保のための候補者選定方法の改善
②派閥や当選回数にとらわれない、能力・実力主義を柱とした自己申告制度など新しい人材登用システムの検討
③公共政策に特化した独立・非営利のシンクタンクの育成
④その他(立候補者休職制度の助成、中央省庁の公務員制度改革、実践的な公共政策研究を担う大学院の充実強化等)

自民党国家戦略本部とは

小泉総理は自民党総裁選挙に立候補した際、党に国家戦略本部を設置することを公約。これを受けて、平成十三年六月に党の総裁直属機関として設置された。本部長には小泉純一郎総裁が自ら就任し、本部長代理として山崎拓幹事長、事務総長として保岡興治衆議院議員、事務局長に谷垣禎一衆議院議員が就任している。

国家戦略本部の役割は中長期の国家ビジョン策定。このため同本部では内部に「国家ビジョン策定委員会」を設置し、国家ビジョンにかかわる「政治システム」「経済構造改革」「危機管理」「外交・安全保障」「生活構造改革」「地方活性化」「国家のアイデンティティ」「憲法」等の主要テーマについて検討を重ねている。平成十四年六月の通常国会終了時までに各テーマについての提言をとりまとめ、その後、秋をめどに総合的な国家ビジョンを策定する予定。

国家家戦略本部　名簿

本部長　小泉純一郎
事務総長　保岡興治
事務局長　谷垣禎一
事務局次長　赤城徳彦、渡海紀三朗、八代英太、坂井隆憲、野田聖子
　　　　　　佐々木知子、山本一太、林　芳正
委　員　党所属の全国会議員

国家ビジョン策定委員会（戦略本部に設置された企画委員会）

委員長　保岡興治
委員長代理　谷垣禎一
副委員長　赤城徳彦、渡海紀三朗、八代英太、坂井隆憲、野田聖子、
　　　　　林　芳正、山本一太、佐々木知子
幹　事　園田博之、石破　茂、河村建夫、坂本剛二、鈴木恒夫、

田野瀬良太郎、根本　匠、伊藤達也、塩崎恭久、岩屋　毅、
渡辺喜美、奥谷　通、小野晋也、世耕弘成、岩城光英、
山下英利、近藤　剛、森元恒雄、荒井広幸、原田義昭、
奥山茂彦、棚橋泰文、下村博文、梶山弘志、馳　浩、
後藤田正純、日出英輔

第六部　民主党政権運営委員会

「新しい政府の実現のために」

――転換期に挑む政治的リーダーシップの確立」

（平成十年十二月十八日）

　ここに収録したのは、平成十年十二月十八日に公表された民主党政権運営委員会の答申「**新しい政府の実現のために――転換期に挑む政治的リーダーシップの確立**」のほぼ全文である。ただし、答申文章のうち、「はじめに」と「内閣法改正試案」および文中の図十点については省略している。また、第四の二「課題としての政権担当型政党への進化への課題」については項目だけを紹介している。

第一　政府の構造改革に向けて

一　政権への道――新しい政府のための改革課題

われわれは、責任ある野党として、今日まで政権交代を求めてその政党運営を進めてきた。それは現政権の限界を鋭く突き、新政権へ転換することこそがその限界を克服するための道であることを主張するものであった。

政権交代には、政府の基本構造を変えることなく行われるものと、政府の構造改革にチャレンジするものとの二種類がある。九三年の細川政権は政権交代という点で画期的なものであったが、政府の構造改革をめざすものとはならなかった。それは、むしろ結果的には、特定省庁の官僚に強く依存するものであった。構造改革にまで切り込む政権の実現には、相応の準備と政権基盤の変革が先行しなくてはならない。

政権運営委員会における一連のヒアリングで鮮明となってきた最も大きな点は、政権の構造改革にまで突き進むうえでの決定的な条件として、既存の政党が「政権担当型政党への進化」をどの程度果たすことができるかという指摘であった。議院内閣制の下では、与党となった政党が政府を直接担うのであって、そのことは政党およびそれに所属する政治家の力量が政府運営の制約要件となるということである。

政権交代はしてみたものの、どのように省庁をリードするのか、内閣の運営はいかにして行うべきなのか、その十分な備えなくしては政府の構造改革に切り込む政権運営はもとより、政府を通じた基本的な政治指導も果たされないことになる。われわれは、何よりもまず、この課題に回答していく義務がある。

第二は、政府の中核を構成する「内閣」のあり方を変革するためには、内閣法改正などの制度改革と同時に、「首相のリーダーシップ発現のための基盤整備」および「内閣機構の拡充」がきわめて大きいという点である。またとくに、長い間の慣行として定着してきた内閣運営そのものに改善を加えていかなくてはならないことであり、それは制度改革のみで成し遂げられるものではなく、政治の側の執拗な改革努力を必要とするものである。

第三は、政府を構成する内閣と政党(与党)との一体的運営をいかに実現するかという実際的な問題があるということであった。政府運営の最大の問題点は、制度に起因する要因よりも、内閣と政党の関係そのものに因るところが大きい。橋本内閣の行政改革方針を阻害した最大の要因は、野党ではなく、省庁と関係団体の利害を代弁する与党議員の政治行動にあったとされている。これでは、政府は責任ある仕事を果たすことができない。

第四は、政権の構造改革を使命とする政権の運営は、比較的中期の改革プロセスを必要とするものであり、それだけに戦略的思考に裏付けられた政権基盤の確立を執拗に追求し着実に準備する、「持続する政治意思」と「高い質のマネジメント能力」が不可欠であるということである。それはたんに政治家の影響力増大だけでは達成できない知恵と工夫を必要としている。

二　新しい政府の実現に向けて

今日の日本の政府システムは、官僚依存の自民党長期政権が続いたことも要因となって、国民生活の現在と将来や国益に必要な政治的リーダーシップを行使したり、その政府活動に関して明確な責任を負うということがきわめて難しいものとなっている。そのことは、一言で言えば、政府機能が十全に発揮することができなくなっていることにほかならない。

それでも、経済成長が持続し、国をあげて産業政策を推進していかなくてはならない時期には、さして問題とはされずにすんできた。しかし、低成長時代に入り、少子高齢社会化、高度情報化、国際化、デフレ経済化など、政治が政府を通じて解決しなければならない困難な課題がいっせいに顕在化した今日では、政府の機能不全に対して国民の厳しい目が向けられるようになっている。

いま、求められていることは、「たんに政権交代があればよい」というだけでなく、それによって樹立される新しい政府が真に国民生活の現在と将来に有効に機能するものであるか、日本の国益にかなった舵取りを政治の決断と責任において取り進めるものであるか、ということである。この課題を受け、現状の政府の機能が持っている問題点を明らかにし、その問題の克服に向けてチャレンジする政治家と政党の登場が望まれている。

以下は、政権運営委員会に課せられた任務を「政府の構造改革を含む政権形成のプロセスと課題」を明らかにすることであるとの認識に立ち、数次におよぶ専門家からの連続ヒアリングを受けてより鮮明になってきた論点を再整理し、その改革の方向を提言するものである。

三　日本政府もしくは内閣の構造的問題点

政府の構成および運営に関する問題点

①政府運営の内閣・政党二元システム

日本政府の構造的な特徴の第一は、実質上の政府の運営が「内閣」と「政権党」との二元構造になっている点にある。このため、イギリスの政府のように、対議会対策を含めて政府の職務と責任が一元化されている場合とは異なり、いわば「公式政府」と「非公式政府」との二元構造の中にその運営実態が分化しており、責任の曖昧性を生じる結果となっている。

②行政官による政府機能への浸透

諸外国との比較での政府の構造的特徴の第二は、各省の外局の長官に行政官を就任させたり、内閣官房においても首席参事官から首相付き秘書官まで各省からの出向者が配置されるなど、本来政治家もしくは政治的任用者のポストと思われる地位に行政官があてられていることである。

③政府の小さな政治機能の現状

以上の二つの事情などから、政府の構成が比較的限定された政治家から行われており、その意味において、対政党・対官僚関係における「縮減された政府」が日本政府の特徴となっている。そして、このことが政府の権限と行動範囲を制約し、政府の政治的イニシァティブの発揮を大きく制限している。結果として、日本の政党政治家および政府は、行政官とその官僚行政組織による補佐に全面的に依存し、その限界内において政権を担当するという現状を繰り返すこととなっている。

内閣の構成と運営上の制約

①内閣の構成の派閥均衡人事等にともなう制約

内閣総理大臣は、閣僚を指名する人事権と罷免権を制度的に有しており、その範囲では広い権限が認められている。しかし、政権党の派閥構造が内閣人事を拘束し、実力主義ではなく、派閥均衡の内閣の構成が行われている。これにより、内閣総理大臣のリーダーシップが拘束され、改革の実行を先送りさせる要因ともなっている。

②族議員政治による制約

七〇年代以降、それまでの官僚主導政治に対する変化として「族議員」の影響力に注目が集まり、「党高官低」が指摘されるようになった。この傾向は、行政に対する職業的政治家の関与が増大したことを意味するが、それは、いわば「内閣の外で」特定利害関心にもとづく「部分政府」状況を創り出すこととなった。このことが責任ある内閣の活動の阻害要因となっている。

③閣議の意思決定段階における省庁縦割りの制約

「分担管理の原則」を基調とする国務大臣＝行政長官制度が行政各部（省庁）における政治的任用および政治家の配置の限定をともなって、合議制システムとしての閣議の中に「省庁縦割型」の割拠制をもたらしている。このことが、慣習としての全会一致制と重なって、閣議による総合調整、および内閣総理大臣のリーダーシップを大きく制約している。

④上記の制約要因から生じる首相のリーダーシップの限界

日本の内閣総理大臣のリーダーシップを制約しているのは、法制度要因よりも、その政治構造的要因がある。例えば、自民党政権の場合、政権党内の会派や派閥という分化構造、官僚と族議員のタテ割型分化構造の双方が、内閣総理大臣の統合的リーダーシップの発現の阻害要因となっている。そのことは、具体的に内閣総理大臣の閣僚任免権それ自体が派閥の構造を通じて制限され、いわゆる派閥均衡人事にとどまることなどに現れている。

四　政府構造の改革のための「五つの焦点課題」

日本政府の構造的制約の中には、現行法制度の枠の中で解決できるものと、現行法制度の改革を必要とするものの二つがある。このレベルの違いに配慮しつつ、本委員会にて議論を行い、以下の通り、政府のあり方をめぐる論点を「五つの関係」にかかわる課題として整理し、改革の方向を提言することとした。

①政府と政党との関係

現在の政府運営が、内閣と政権党との二元構造となっており、そのことが政府としての一体性の欠如や責任関係の曖昧性につながる要因となっている。イギリスの政府のように、政権党を内閣の中に統合し、内閣が責任をもって政府を運営できる構造にすべきである。

②政府と行政との関係

官僚主導型の政府運営となりがちな現在の内閣運営を改善するため、担当大臣制度や現行の事務次官会議のあり方を見直す必要がある。とくに、縦割り行政の弊害を克服し、内閣の統一した政策意思の下に政府の運営を行うための仕組みづくりを検討すべきである。

③政府と国会との関係

政党間および政党政治家間の政策論議を通じて国政の基本方向を明らかにしていく議会制の活性化を前提に、政府と国会との関係を再構築していく必要がある。政府委員が国会答弁に立つ方式を改めて、政党政治家および政府責任者中心の審議を実現する。国会対策を政党に依存する現行の方式を改革し、可能な限り政府の主導の下に対国会対策機能を整備すべきである。

④首相のリーダーシップと閣議または内閣との関係

首相のリーダーシップを発現させるために、全会一致制と「分担管理の原則」にもとづく現行の内閣運営や閣議のあり方を改革する必要がある。この制約を除去し、首相の判断で行政各部を指揮監督することができる仕組みを、内閣法改正などの制度改革と首相スタッフの充実の両面で検討すべきである。

⑤政府と国民との関係

「首相候補者」と「政権政策」の提示による国民による直接的な政権選択の機会を

提供するよう努める。それとともに、政府公報の充実や首相報道官システムの導入、審議会の活用などによる国民とのコミュニケーション機会の拡大、情報公開法や行政手続法の整備・改善による「国民内閣制」の実現をめざす。

第二　現行制度の下での政府の構造改革

一　内閣総理大臣補佐体制と内閣機能強化にかかわる改革課題

内閣総理大臣のリーダーシップにかかわる問題点

内閣総理大臣は、内閣の首長として政府をリードする地位にある。閣僚の任命と罷免を行うなど内閣運営にかかわるもののほか、法律の下の行政を指揮監督する、外交政策では国を代表してその政治意思を表明する、多様な政治的軋轢を調整する、議会に向けては合意形成又は多数派の維持を働きかけるなど、その権限と責任はきわめて大きい。

とくに、民主主義が定着し、マスメディアを通じてその行動が日々国民の注視の下におかれるようになって以来、内閣総理大臣は国民的リーダーとしての資質も厳しく求められるようになった。

これらの多様な機能と責任を果たす内閣総理大臣に必要なことは、その十全なリーダーシップの発揮である。総理は、なによりも国民の期待に応えなくてはならず、そのために克服すべき困難に立ち向かっていかなければならない。また、国の現在と将来を見通す優れた先見性と強い指導力を発揮しなくてはならない。総理はまた、行政に対しては優れた経営者であり、議会に対しては巧妙な調整者であり、国民に対しては魅力あふれるコミュニケーターとして立ち振る舞わなければならない。そして、日本政府の「顔」として海外に説得力あるメッセージを送り届けるリーダーとならなければならない。

しかし、今日の内閣システムは、合議体としての内閣の補佐機構を優先して、内閣総理大臣の個性的・政治的なリーダーシップを発揮させるための補佐機能はきわめて脆弱なままにとどまっている。加えて、戦後の自民党長期政権の下で、与党と内閣の二元構造が政府の動きを制約し、内閣総理大臣のリーダーシップの発現を大きく制限してきたという政治力学上の課題も抱えている。

与党内の派閥力学に拘束されて国民が求める政治的リーダーシップの発現を困

難にするこうした現状を変革していく必要がある。とりわけ、内閣総理大臣の政治的補佐機能のあり方を検討することが重要である。この点、現在進められている政府の行政改革会議の提言は「政治抜きの機構整備」となっており、内閣総理大臣の政治的リーダーシップのための改革として中途半端なものにとどまっていると言わざるを得ない。総理大臣スタッフ体制の充実、政治任用及び政治家登用の枠の拡大などにより、内閣総理大臣が優れた政治的リーダーシップを柔軟に発揮できる基盤の整備を進める必要がある。

内閣官房機能の拡充と官邸体制の整備

内閣官房には、内閣システムを支える膨大な情報の収集と大量のスタッフの配属が行われている。それは、内閣主導の「政治と行政のインターフェース」を担う重要な要でもある。政治的補佐機能の拡充と任用の柔軟化を中心に、官房の充実整備を検討すべきである。

内閣総理大臣の補佐機能の充実、内閣機能の強化、大臣の補佐機構の拡充のすべてに共通するものとして、政治任用の拡大・制度化の問題がある。政治の側が主要ポストの人事権を掌握することは政治的リーダーシップ発揮の基礎的前提条件である。

将来的には、国家公務員法の改正も視野に検討する必要がある。全般的な政治任用（ポリティカル・アポインティ）の拡大、内閣スタッフの任用に関する内閣総理大臣の裁量権の拡大、身分保障システムの確立など検討すべき課題は多い。

①内閣総理大臣の政治的補佐体制の確立

現行内閣法を与件とした場合でも、官邸には、政治家もしくは国家公務員法上の政治任用スタッフとして計九人（官房長官一、官房副長官二、総理大臣補佐官三、総理大臣秘書官三）を配置することができ、第一次的なチームを構成することができる。ただし、秘書官については、現行配置されている三名をすべて政治任用の秘書官として行政の外からスタッフを配置する。

さらに、上記の外、官職を有しないスタッフを内閣総理大臣の補佐として配置することも可能と考えられる。例えば、特別補佐、補佐及び秘書などである。また、各省庁からの出向により、事務官を総理大臣秘書官として配置することも可能である。これらを含めると、総計二〇人規模のスタッフ体制を構築することができる。

なお、官職を有しないスタッフの配置については、基本的に政党職員スタッフまたは党費による民間スタッフの調達が考えられる。

②総理大臣の政治的補佐職の地位・権限の明確化

内閣総理大臣補佐官および内閣総理大臣秘書官については、総理直結のスタッフとして一体的な行動が可能となる地位と権限を持たせる必要がある。例えば、総理大臣室にて行われる会議や総理大臣が出席する会合および閣議に陪席することができることとする。このため、総理は、官邸の運営について自らその指針を公にして新しいルールの確認を求める必要がある。

③政官のインターフェースを担う内閣官房副長官

政治家がなる二人の官房副長官のうち一人は、「政策調整」を担当することを明確にし、合同次官会議の運営など、効率的な政策・政治対応が可能な仕組みを検討する必要がある。官房副長官は政府を構成する政党の政調会長を兼務する。

また、その機能を補佐するため、具体的に、官房副長官の下に政治家の官房長官補佐を非官職で配置し、政調機能を担当させることができるよう体制を整備する。他の一名は、院内の国対委員会との連絡調整や官房として求められる対外折衝などを担当する。

④総理の戦略的政策機能のサポート体制の確立

内閣総理大臣の私的諮問機関その他民間人による政策会議の設置を検討する必要がある。大平内閣時代の「田園都市国家構想」や中曽根内閣時代の「第二臨調」の動きを支えた各種政策会議やタスクフォース型組織を積極的に活用すべきである。

また、常設のアドバイザー・グループを設置して総理の専門家による補佐の仕組みとして活用することも必要である。なお、このような総理直轄型の政策会議についてはその柔軟な設置を可能とするよう基本方針に取り込むことが重要と考える。

⑤内閣総理大臣の執行方針(演説草稿)に関する仕組みの明確化

内閣総理大臣は、重要な政策及び内閣運営に関する基本方針の作成を行う。これは、総理大臣の執行方針・施政方針(演説草稿)の作成をその典型とする。その実質的な総括責任者は官房長官であるが、草稿作成の作業は総理大臣補佐官が担うものとする。ただし、作成された方針は閣議を経て承認される。

⑥報道官機能の整備

現行の仕組みでは、報道官機能、情報収集機能、広報機能などが統合されておらず、総じて縦割型のままとなっている。これでは、総理のメッセージやイメージに関するトータル戦略は望めない。将来的には現行広報官の政治任用による専門的な広報体制を整備することをめざし、当面は、報道機能強化のために報道担当秘書官を配置し、その連携の下に広報官室を有効活用する。将来的には、六百人を超える職員を擁するドイツの新聞情報庁のように、総理のスポークスマン機能、国内外の広報対策、海外情報などの収集・分析機能、マスメディアに係るアドバイス機能を含めた組織体制の確立を構想する必要がある。

⑦内閣の危機管理体制の確立

内閣の危機管理機能については、すでに「内閣危機管理監」の設置（内閣法一四条の二）をはじめ、非常時における司令塔機能の確保などが進められている。しかし、たんに自然災害のみならず、テロリズムやその他の大量殺傷型事件の多発、情報パニックに起因する急速な社会的混乱、原発事故や化学工場の爆発事故など広域にわたって被害が波及する可能性の高い緊急事態等に即応する体制を確保するためには、あらかじめ閣議において確認された基本方針にもとづいて、内閣総理大臣が必要な対応行動をとることができるようルールをより明確化しておくことが重要である。これらのためには、各領域ごとに予測される緊急事態に対応する専門的人材の配置とその任用期間の長期化を検討する必要がある。

⑧総理府の積極活用と人事システムの改善

現行の総理府を諸外国における「内閣府」と同様に拡充し活性化する。このため、その人事配置については官邸主導で行う。実質上、政治任用と同等の意味合いを持つものとし、官邸に対するロイヤリティの調達を確保し、総理府配属経験者はその後も、省庁横断的な人事において重要なポジションを占めるようシステム化することをめざす。またとくに、各省庁の次官、局長クラスのいわゆる幹部人事については、その直接的な任免権は関係大臣に認めつつ、政治任用と同様に内閣および内閣総理大臣の同意権を認めるべきである。

二　対議会・対政党関係と省庁間調整の仕組み

内閣と与党の一体化による政府の運営

政府と与党との統合的運営は、責任ある政府運営の要であり、新しい政府の基本線である。このため、与党の党首、幹事長及び政調会長はすべて閣僚として入閣することとし、政府の外に与党が非責任主体のまま強力な政治的影響力を行使するという事態を避けるべきである。これまでのような、与党の幹事長が内閣の方針とは異なる見解を堂々と陳述したり、党税調や部会の政治的圧力が政府の決定を左右し拘束するといったことは解消されなくてはならない。責任を曖昧にする従前からの二元構造を解消する必要がある。

与党各党の幹事長は、党務を指導するとともに、政府の構成的責任者として、与党内の調整と対議会関係の窓口となって政府の重要な任務を遂行する。このため、基本的に、無任所大臣としての地位を有しつつ行動する。政調会長は、少なくとも一人が官房副長官を担い、官房長官の指揮の下、内閣及び各省庁間の政策調整に当たる。与党の党首は、内閣総理大臣に就任する者を除いて、政府の副総理格の閣僚を担い、内閣総理大臣とともに政治的調整の頂点を担う。

内閣官房の中には、官房長官及び同副長官の外、内閣総理大臣補佐官、内閣総理大臣秘書官らが政治家および政治任用として政党などから送り込まれ、与党と内閣補佐体制の一体的運営の要となる。

政府の対議会機能の充実と議会との相互協力体制の確立

国会対策機能は院内におく。ただし、幹事長を兼務する無任所大臣及び官房副長官の一人が院内と内閣の連絡調整に当たる。院内の与党議員集団をとりまとめ、かつ国会対策を担う総括的な責任者(以下、「院内総務」と呼ぶ)については、閣僚級の人材を配置する。院内総務は、閣僚には属さないものの、インナーキャビネットとしての「内閣協議会」(後述)に出席することができる。また、そのポストには、政務次官を経験したか閣僚を少なくとも一度は経験している議員、または与党三役経験者などを想定する。

こうした院内における統括者としての「院内総務」の下に、十名程度の院内幹事を配置する。院内幹事は複数の省庁および議会委員会を担当し、その政治的調整を行う。政治的調整の意味は、内閣の意を受けて政治主導の下に各省庁の政策課題を議決すべき立法案件として調整し、合意の調達を推進するというものである。院内幹事は院内総務の統括の下、院内においては議員集団を統率しつつ政治的調整を推進するが、当然、強力な野党との折衝や調整が重要な任務ともなる。院内幹事は省庁との調整、与党内の調整、委員会審議の促進、対峙する野党との折衝などを通じて、多角的な政治調整訓練を受けることになり、任期の終了後は自ずと閣僚、主要政務次官等への任用が期待されることになる。

これらの改革は、国会改革と並行して推進されなくてはならない。具体的に、政府委員制度の廃止、委員会における事実上の大臣出席義務化の改善、本会議における総理大臣の出席義務についても再検討する必要がある。国会は、政府の行動に対する監視機構としてその機能を充実するとともに、議員間の自由闊達な討論の場としての性格をより明確にしてゆく必要がある。総理大臣や各省大臣の議会における審議対応も、イギリスのプライムミニスター・タイムのような仕組みを設けるなど、改善すべきである。

政官インターフェイス機能の整備と政治主導の閣議案件調整

これまで、内閣官房による実質的な調整が介入していたとは言え、官僚の長たる事務次官の会議が閣議案件の準備過程として慣習的に制度化されてきた。こうした事態は、最終決定権限が内閣にあることから、政治的に特に問題にされてこなかったものの、結果として官僚主導の政策意思形成を許し、省庁割拠型の分散型政策決定をもたらして内閣および内閣総理大臣の政治的リーダーシップを制約してきたことは否めない。

閣議案件の処理プロセスとしての事務次官会議はこれを発展的に改組し、政治主導の準備過程を確立する。具体的には、政務次官会議の機能を重視し、さらに官僚のトップとしての事務次官を組み入れた「合同次官会議」を設定する。これにより、閣議案件にかかわる政治的調整は政府を構成する政治家が自らの努力によって推進することとなる。このため、膨大な政策案件を処理するための補佐体制を大臣および政務次官の下に可能な限り整備する。

政務次官は与党各部会の長を兼務し、政府と与党との直接的な連結の役割を果たすこととする。これにより、政府外におかれた政治家チームを行政機構の監視と管理に積極活用できるようにする。また、将来的には制度改革を含めて各省大臣の下に官職としての秘書官の外、政治家の大臣政務官などの配置を行う。

政務次官の下にも政務スタッフを配置する。これらの政治的配置構造を受けて、省内から有為の人材をスタッフ的な秘書官として複数配置することを検討する。政務次官会議は、このようなバックアップ体制を基盤として運営され、閣議案件の準備と必要な政治的調整を推進することとなる。

われわれは、政府が統治機構として執り行う「政治」とその政治意思に従って展開される「行政」とを明瞭に区分したいと考える。政府の運営は、むろん政治家のみで展開されるわけではなく、政治家と行政集団との協力関係の実現があって初めて果たされるものである。しかし、このことは政治本来の役割を官僚に委ねてよいという意味ではない。国民に対して直接責任を負う「政治」の役割は、自ら打ち立てた政策意思や政治課題に沿って官僚行政をコントロールすることにある。

この点、コントロールすべき政治が官僚の調整活動に依存する現状は異様としか言いようがない。この現状を改革し、政治が主導する政官のインターフェース機能を確立する必要がある。与党の部会長を兼務し大臣と官僚との間にあって政策調整にあたる政務次官は、このインターフェース機能の中枢的任務を処理することを期待されている。

①大臣の政治的補佐体制の確保

省庁を統括すべき大臣の補佐機構はきわめて脆弱なものであり、その多くを官僚に依存している実状にある。これでは、政治的指導力を発揮すべき大臣が官僚に包囲される構図となり、官僚依存の現状を変えることは望めない。政治と行政との協力関係の維持は重要な課題であるが、政治がリーダーシップと責任をより確かなものとする仕組みに変革していかなくてはならない。将来的には副大臣制度の導入などを考慮しつつ、現制度下でも可能な条件整備に取り組む必要がある。

具体的に各省庁に、担当大臣の外、政務次官、大臣秘書官が配置される。これらに加えて、政治家の大臣補佐、非官職の大臣付秘書スタッフを置くことも可能である。各省庁では、重要な意思形成および省内調整の場として、大臣が主宰する「省議」が開かれることとなるが、省議には、上記の特別職や政治任用者などを同席や陪席させることができるものとする。なお、現行制度の下で可能な政治家もしくは政党スタッフ等による政治職の配置は、大臣、政務次官、秘書官、補佐もしくは秘書の五名程度となる。

②政務次官の政策調整機能の充実

政務次官は、政府を構成する政党の部会長を兼ねるものとする。これにより、政党は内閣と一体の政策運営に責任を持つこととなる、同時に、省庁に対する政治主導の政策調整を内閣の下でより可能にすることとなる。省庁間の政策調整については、政治レベルの調整機構として各省庁の政務次官から構成される「政務次官政策調整会議」において行う。政策調整会議は重点課題ごとに官房副長官が関係省庁政務次官を召集して開くこともできる。必要な場合は、官房長官が関係大臣および政務次官等の参加を得て関係調整会議を開くことができる。

与党専門部会の長を兼ねる政務次官は、大臣補佐を含めて秘書官もしくは非官職の秘書スタッフとともに、政策課題に応じて政党内の合意を調達する責任を負うものとする。党内調整を要するものについては、官房長官及び党幹事長相当職との調整に上げて、政策合意を実現する。

③合同次官会議の設定と運営

従来省庁間政策調整の仕組みとして実施されてきた「事務次官会議」を改組し、これに替えて、新たに「合同次官会議」を設置する。同会議は、閣議にかける案件について協議し、トップレベルの政治判断を要する事案については閣議に上げるなど、調整済み案件の閣議への報告や承認を求めるとともに、調整課題のレベル分けを併せて行うものとする。

以上により、政府は官邸チームを中心に、省庁間の政策調整チームとの連携の上で、全体としての政治指導を発揮することができるようになる。ここにおいて、議院内閣制の本来機能として議会に対して責任を持ち、与党たる政党が主体となって、「官」に対する「政」のコントロールと「官」と「政」との積極的な相互調整が現実的なものとなるのである

三　総理のリーダーシップ発揮と柔軟な内閣運営

内閣協議会の柔軟な運営と活用

①閣議の活性化

現在の閣議は形式的なものにとどまっており、文書への花押のサイン会になっているとの指摘もあるほどである。実質的な合意は事務次官会議の前に形成されていて、内閣としての政治判断を下すケースも少ないのが実状である。この要因として、(イ)内閣を構成する各大臣が行政各部の代表者にとどまり、自省にかかわる案件以外について国務大臣としての闊達な議論を行うことを回避する傾向にあること、(ロ)閣議にかける案件について内閣総理大臣が積極的に発議することが少ないこと、(ハ)事務次官会議など官僚調整の段階で実質合意を調達するといった慣行的仕組みが閣議の議論の必要度を低下させていることなどが挙げられる。

しかし、政治家たる国務大臣が構成する閣議の活性化を進めて内閣機能の強化をはかることは政治的リーダーシップ発揮のための前提条件である。すでに述べた合同次官会議の設定など合意形成のための政治調整を活性化する仕組みを確立すると同時に、閣議に行政課題を超えた政治案件を持ち込んで闊達な議論が生まれるよう内閣総理大臣の発議権をフルに活用し、最終的には総理の決断に収束することを前提に閣僚間の自由な討論が展開されるよう工夫することが重要である。

②内閣の意思形成のための柔軟な仕組みの積極活用

そもそも、内閣の円滑な運営は、日本国憲法の規定に沿った議院内閣制の基本である。その点は、内閣総理大臣が最終意思決定を行う際には、合議体としての内閣の運営を通じて政府の舵取りを進めることが求められているという意味でもある。政府の最終決定は、閣議をもって行われなければならない。

しかし、このことは、全員立ち会い型の閣議運営以外の政治的意思形成をいっさい認めないというものではない。すでに、閣議そのものが定期的・臨時的な会合として設定されるだけでなく、いわゆる「持ち回り閣議」という緩やかな運営方式をとっているうえ、危機管理の場面においては、総理の決定を優先して、事後的に閣議にかける方式も取り入れられていることからも、きわめて柔軟な運営を可能としていると見るべきである。ましてや、特定政策課題についての「関係閣僚会議」や「閣僚懇談会」に代表されるように、閣議形式とは異なる閣議事項の意思形成システムも認められているのである。

政治主導の多様な仕組みを大いに生かして、迅速かつ効果的・指導的な政策的意思形成を促進すべきである。

③インナーキャビネット方式によるトップダウン型意思形成の確立

われわれは、これらに加えて、重要事項について総理が主導するためのインナーキャビネットの運営が重要な役割を果たすものと考える。イギリスでは、閣僚全員による閣議以外に、関係閣僚からなる「内閣委員会」が数多く設置されている。内閣委員会には、大臣のみが出席する大臣委員会、公務員のみで構成される委員会、政治家と公務員で構成される委員会などがあり、その形態も多様である。

こうした多様な意思形成の仕組みは、総理の政策的・政治的意思決定を迅速化するシステムであり、かつ与党と内閣の統合的意思形成の仕組みとしてインナーキャビネットを積極的に展開する必要がある。インナーキャビネットは、イギリスにおける戦時内閣(ロイド・ジョージ内閣、チャーチル内閣)の先例によるもので、日本でもかつて「五相会議」「三相会議」などの先例のほか、「閣僚審議会」として制度化されたケースもある。とくに、重要事項に関する審議は、内閣総理大臣および副総理格の大臣の外、幹事長である無任所大臣、院内総務、関係閣僚の出席による迅速かつ効果的な意思形成のシステムを確立することによる政治的指導性の発現が望まれる。

◇内閣総理大臣が議長として主催する「内閣協議会」の類型

Ａ　トップマネジメントの会議として主要閣僚及び政治家に限定するもの。

Ｂ　関係閣僚のみで構成するもの。

Ｃ　官僚、その他の公務員が出席するもの。

Ｄ　内閣総理大臣のスタッフとして民間人も出席するもの。

内閣の意思決定と「閣議・内閣協議会・次官会議」関係

新たに設置される合同次官会議もしくは政務次官会議（政務次官政策調整会議）において、基本的な政策事項に関する省庁間調整を担うが、調整が困難な問題については閣議案件には上げないといった従前のやり方を修正し、それを内閣総理大臣が統括する内閣協議会に持ち上げて政策調整を行うこととする。

内閣協議会は、総理大臣が自らの最高の調整権限を行使して、政治的・政策的調整に努めることになるが、実質的な政策決定はこの段階で実施される。場合によっては、内閣協議会で提案された案件がトップダウン型で各省庁の大臣及び次官に指示案件としておろされ、それが合同次官会議にかけられるということも行われる。

こうして、内閣にとっては、省庁から発信されるボトムアップ型案件と内閣総理大臣が中心となったトップダウン型案件の双方を閣議案権として処理することになる。ただし、いずれの場合であっても最終的に閣議を通じて内閣としての決定手続きを経ることとする。

政府と国民との相互的な関係の確立へ

①開かれた政府運営

何よりもまず、政府は国民に開かれたものでなければならない。新しい政府は、「国民の知る権利」に裏打ちされた情報公開制度の実現と定着を最優先する。「政府は何を議論したのか」「政府は、何を決定したのか」、国民は知る権利を有している。

院内における政治調整や政党間の駆け引きを実際的政治の処方として積極的に活用しつつも、それを国民の監視の外に置くことは望まれていない。国民の前に、その経緯を可能な限り開示し、開かれた政府の運営に努める必要がある。いわゆる水面下の調整過程を余儀なくされたものであっても、事後的に国民にそのプロセスを開示できるよう記録し保存することも検討しなくてはいけない。

さらに、行政手続法の趣旨に従い、政策の決定過程に国民の関与が可能となる手続上の手法の開発も検討する必要がある。総理の周辺に公開型の政策会議を設置して、専門家や国民各層の代表的意見を積極的に取り入れるシステムを確保することも重要である。例えば、国民すべてが利害関心を持つ年金や税制および環境問題などに関する各種の国民会議の運営に取り組むべきである。

②国民とのコミュニケーション重視型の政府

国民はまた、政府のリーダーであり、国民の政治的シンボルでもある内閣総理大臣のメッセージを受け取り、それを自らの判断の素材にしたいと考えている。マスメディアや各種の情報通信システムの発達により、そうした欲求はますます強まっている。総理は政府が直面している問題について直接国民に呼びかけ、そのための政策の方向について問いかける努力をすべきである。

テレビ映像メディアを通じて、新聞情報を通じて、日常的にメッセージを国民に向けて発信すべきである。インターネットを使った双方向のコミュニケーションは今や通常の手段である。このため、総理を主宰者とする国民フォーラムの開催などのほか、ドイツやイギリスのように、総理の補佐機能としてメディア関係の専門的アドバイザーの確保や報道官機能の確立を早急に検討し整備する必要がある。

③首相および政権政策を実質的に国民が直接選択できる選挙の実現

小選挙区選挙制度は、国民が直接「政権与党」を選択する機会を提供するものとなった。具体的には、各党は「首相（総理）候補予定者」を確定し、国民に対してどの人物を総理として選択するかを求めることができる。また、政党はそれぞれ自党の掲げる「政権政策」を明示し、新たに形成される政府の基本政策を国民が直接選ぶことができるようにする。

こうして、選ばれた首相（総理）とそれを選んだ国民とが直接結びつくこととなり、これまでのような「業界のための政治」ではなく、「国民のための政府」が誕生することになる。かくて、議院内閣制が「政党内閣制」として機能し、さらに政府と国民、首相（総理）と国民との直接的関係を軸とする「国民内閣制」への展開を展望することができる。

これらの国民との対話と国民選択の機会の拡張こそが二一世紀日本の政治と政府に求められる重要な通過点である。

第三　内閣システムに関する制度改革

一　内閣の法制度と内閣のシステム改革

前章における改革提案は、基本的に現行内閣法の下での政府構造の改革を提起するものであった。しかし、議院内閣制の本来機能を十全に発揮し、現代の新しい政治・政策課題に対応する政府を形成するためには、法制度の改正を含めた抜本改革へと進み出していかなくてはならない。

戦後の日本国憲法が内閣制度に取り入れた基本原則の最大の特徴の一つは、合議体としての内閣そのものの強化と同時に、内閣総理大臣を内閣の「首長」として位置づけ、その地位・権限を明確に強化したことにある。にもかかわらず、内閣運営の実際にあっては、戦前から続いている伝統的な行政法解釈にもとづく「内閣中心主義」と「分担管理の原則」が、内閣総理大臣の行動選択およびその指導性の発現を制約するという事態を残してきた。

そもそも、憲法に言う「内閣」とは、たんなる合議機関ではない。それは、内閣総理大臣の指揮監督または統轄の下に成立する執政機関である。内閣総理大臣は明治憲法下の「同輩中の第一人者」とはまったく異にする地位を占めているのであり、具体的に日本国憲法六六条において「首長たる内閣総理大臣」の規定をおいて、その他の国務大臣の上位に位置づけられたこと、同六八条では国務大臣の任免権を規定して内閣総理大臣の優越的権限を明確にしていることなどによっても、そのことは明らかである。

すなわち、首長たる内閣総理大臣は内閣の運営に関する優越的権限を背景とする「統轄権」を有しているのであり、その点を何よりも明確にすることが重要である。「内閣」と「内閣総理大臣」を分離し、あたかも内閣総理大臣が内閣のたんなる一員のように法解釈するやり方には自ずと戦前からのイデオロギーが含まれているのであって、われわれはこの解釈に与しない。こうした伝統的法解釈が働いたためか、現行内閣法については、その規定の順位や配置について整合性を欠くところが見受けられ、総じて、法の整備が不十分なものにどとまっている。

第一に、内閣総理大臣の地位にふさわしい権能についての明確な規定を欠いている。具体的には、憲法にも規定されていない「閣議中心主義」の考えが導入されて、例えば、主任の大臣の権限疑義に関する内閣総理大臣の裁定までも、当事者が構成する「閣議にかけて」行わなくてはいけないかのような矛盾した規定を取り入れている(同法七条)。これは、内閣総理大臣が上位の地位に立って遂行すべき権限を曖昧にする規定の典型と言える。

第二は、内閣の一体的・統合的運営にかかわる基本的規定を欠いている。その具体的事例が、他の法律に委任する形での「行政事務の分担管理」規定(同三条)であり、閣議の縛りをかけた内閣総理大臣の行政各部に対する「指揮監督」の規定(同六条)である。ここでも、内閣総理大臣の優越する権限を認めないとするかのような規定が残されている。

第三に、各省庁を統合し、政治主導の下に一体的に運営するための規定も欠いている。内閣もしくは内閣総理大臣が一体的な政府の運営を遂行するために欠かせない政治任用のポスト(例えば、政務次官)や中央行政機構を総合的に指揮監督すべき内閣機能にかかわる事項（例えば、内閣を構成する国務大臣としての「主任の大臣」の政治的補佐機構ともいうべき官房機構とその人事）であっても、国家行政組織法（政務次官の設置）や国家公務員法（特別職の規定）など分散規定されて、内閣の組織と運営のための基本法としての性格を不十分なものにとどめている。

現行内閣法の改正を進めなくてはならない。それと同時に、将来的には、内閣法そのものを抜本的に見直し、日本国憲法が想定する議院内閣制の本来的な姿に対応する新たな法整備を検討する必要がある。

また、すでに提起したような柔軟な内閣運営の実現とともに内閣総理大臣の本格的な補佐機構としての「首相府」の設置など、大胆な組織機構の変革も必要である。「最高の調整権限」としての内閣または内閣総理大臣の権能を発揮させるため、現行の総理府を「内閣府」として整備し、予算編成権限についても実質的に内閣が行使できる仕組みも検討すべきである。

二　内閣法改正にかかわる主な検討事項

内閣法の主な改正点

①首長たる内閣総理大臣の統轄権を明記する

内閣総理大臣は、戦後の議院内閣制において「内閣の首長」としての地位を有し、内閣を組織すると同時に、閣僚を指導する権限を持っており、合議体としてのたんなる内閣の一員ではなく、あくまでも内閣の首長として政治的リーダーシップを発揮すべき役割を期待されている。現行法では、合議体としての内閣についての規定が目立ち、内閣総理大臣の首長としての地位から発生する統轄権限が不明確である。首長たる地位が占める機能と統轄権についてより明確にしておく必要がある。

②国務大臣の分担管理の指示は内閣総理大臣の権限であることを明記する

現行内閣法では、分担管理は「別に定める法律により」規定されるかのような記述となっている。こうした規定が、あたかも内閣総理大臣の権限の外に「主任の大臣」が存在するごとき解釈をもたらしている。「はじめに行政ありき」という旧い思考に結びつく問題条項でもある。内閣総理大臣が国務大臣をして分担管理させることができるとの規定を原則とし、当然の法理として無任所大臣の存在を取り込むものとする。

③内閣総理大臣の発議権及び基本方針にかかわる権限を明示する

ドイツでは、内閣総理大臣は基本方針を独立的に提起することができるだけでなく、それが本来の任務と観念されている。その場合、宰相主義の考えにもとづき、閣議の了解を得るといった手続きも不要とされている。

日本においても、首長としての内閣総理大臣に対して同様の役割が期待されているとみるべきであり、閣議はそのための手続きに過ぎないと考えるべきである。内閣総理大臣の基本方針提案・発議権は憲法や内閣法の解釈によっても与えられていると判断できるが、より明確な規定にする必要がある。

④内閣総理大臣の指揮監督権を強調・明記する

内閣総理大臣の本来的な権限たる「行政各部への指揮監督」について、「閣議中心主義」や「分担管理の原則」を理由に、その最小化をはかろうとする法解釈がまかり通ってきた。しかし、ロッキード・丸紅ルートにかかわる最高裁判決は、内閣総理大臣の権限がきわめて広範囲なものであることを認めるものであった。内閣総理大臣の行政各部に対する指揮監督権は、国務大臣の任免権と内閣の統轄権に基礎を置く固有の権限として行使されるべき権能である。これらの点をより明確にするため、必要な規定の削除を行う。

⑤内閣総理大臣の権限としての裁定権を明確にする

主任の大臣の間における権限疑義に関する裁定権は、国務大臣の任免権を有する内閣総理大臣のいわば固有の権限に他ならない。現行の内閣法では、その当事者が加わる「閣議にかけて」その権限が発動される規定となっているが、これでは首長たる内閣総理大臣の優越的地位から発生する権限を否定するものとなる。「閣議にかけて」の規定を削除し、内閣総理大臣の優越的地位に基づく固有の権限としての裁定権をより明確にする。

⑥中止権は内閣総理大臣の当然の権限であることを明確にする

行政各部の処分または命令に関する内閣総理大臣の中止権の行使は、手続きとして閣議を経ることがあるとしても、各部を担当する主任の大臣の上位に位置する固有の権限と見るべきである。内閣を構成する大臣が当事者ともなる案件に係る中止権であることを考慮し、「内閣の処置を待つ」の条文を削除し、その権限を明瞭にする。

⑦副総理大臣の規定を置き、責任及び代理関係を明確にする

内閣総理大臣は、政府を代表して内外の多様な政治的・政策的任務をこなさなくてはならない。その一方で、議会から選出され議会に対して責任を負う立場から、国会質疑に多くの時間をさかなければならない。問題は、そのいずれについても内閣総理大臣の名において代理する機能が弱いため、すべてに忙殺されるという状態が続いてしまうことである。これでは、十分に練られた戦略構想にもとづいたトップリーダーとしての行動をなかなかとれないことにもなる。

現行の代理規定を廃止し、常設の副総理大臣を置く。このことによって、副総理大臣は、緊急時や総理大臣が欠けるとき以外であっても、対外関係はもとより、国会審議などにおいて、日常的に内閣総理大臣の代理の職務を遂行することが可能となる。

⑧副大臣および政務官の規定を置く

省庁行政を統括すべき大臣はその判断素材のほとんどを官僚に依拠しているばかりでなく、その権限の行使についても官僚スタッフに依存している。これでは、政治が官僚行政をコントロールするといった本来機能を発揮することは困難である。現行の代理規定を廃止し、副大臣を置く。このことによって、渉外関係はもとより、国会審議などにおいて日常的に大臣の代理を可能とすることができる。また、政務官の設置規定を設ける。

⑨内閣総理大臣の発議にかかわる官房機能を整備する

これまでの閣議案件処理が各省庁からのボトムアップ型を中心とするものであったのに対して、これからは内閣が主導して改革提案、政策提案を積極的に行うことが求められている。内閣総理大臣の基本方針の提起とともに、内閣総理大臣が政策案件を発議できる仕組みを明確化し、閣議の活性化をはかっていく必要がある。

内閣官房の職務に、内閣総理大臣が発議する一般方針作成およびそれにかかわる企画立案に関する事務および内閣協議会に関する事務を補佐することの規定を明記する。

⑩官房副長官を三人以上置くことができるようにする

内閣総理大臣の補佐機構としての官房長官および同副長官の役割は、議会および政党に対する総理の指導力の発揮にますます重要なものとなる。そのためには、組織機構の技術的・量的拡充のみならず、政治的補佐機構の拡充こそが重要である。とりわけ官房副長官を三人以上おくことができるよう配置数の柔軟化など総理の裁量を可能にする規定とする。

⑪内閣危機管理監の任免は内閣総理大臣が行うと明記する

国務大臣の任免権を有する内閣総理大臣が官房副長官の下に位する内閣危機管理監を任免する権限すら「(内閣に)申し出」を行い「内閣において」のみ行使できるかのような規定には、権限順位の逆転が見られ矛盾がある。「申し出」と「内閣において」の条文を削除し、内閣総理大臣の任免権を明瞭にする。

⑫内閣総理大臣補佐官の員数を柔軟化し、その職務を整理する

ドイツやイギリスでは、内閣総理大臣の補佐機構、とりわけ政治的補佐体制については、総理の個性的なイニシァティブが生かされるよう柔軟な運営が可能と

なっている。政治任用にかかるポストについては、詳細規定を設けることなく、内閣総理大臣の裁量が反映される柔軟な規定にとどめるべきである。

内閣総理大臣補佐官の数を法規定から政令に移行し、その任用についても内閣総理大臣の裁量が生きる規定とし、その職務も、意見具申にとどめることなく総括的に「内閣総理大臣を補佐する」規定にする。

⑬内閣参事官、内閣審議官等の任用を柔軟なものにする

上記と同様に、仮に行政官僚からの登用であっても、内閣運営の要であることから、基本的には政治任用として位置づけるべきであり、その人選はもとより、人事も政権とともにする仕組みを確保する必要がある。内閣官房に内閣および内閣総理大臣の政策的アドバイス機能の担い手として「内閣専門官」を若干名配置することができるよう柔軟な規定を設ける。内閣参事官らの任用については、政治任用も可能となる規定に切り替える。ただし、これには国家公務員法第二条と国会法三九条の改正を必要とする。

⑭内閣総理大臣秘書官の任用を柔軟化する

秘書官は内閣総理大臣の機密に関する事項を直接担当するポストであり、内閣

総理大臣秘書官については、その定数および任用について総理の裁量が生かされるよう規定を柔軟なものにしておくことが重要である。内閣官房に属する秘書官と内閣総理大臣に附属する秘書官(内閣総理大臣秘書官)の区分けを明瞭にするとともに、その員数および任用の詳細規定を政令に委ねる。

⑮内閣総理大臣を「主任の大臣」とする規定を廃止する

内閣官房にかかわる事項に関連して、内閣総理大臣を行政各部を担当する「主任の大臣」と同様な位置に置くことは官房を行政機関と同一の位置に置くことにつながり、かつ内閣総理大臣を他の大臣と同格に置くという二重の問題点を生むことになる。内閣官房については、内閣総理大臣の統轄の下にあることを明記するにとどめる規定とする。

三　内閣運営にかかわる包括的な改革事項

内閣総理大臣もしくは内閣の最高の総合調整権たる予算編成権についてもより明示的な規定を整理しつつ、その職務を官邸に取り込むなど実体面での改革を進めることも必要である。とくに総合調整機能の整備として過去繰り返しその検討が積み重ねられている「首相府」および「内閣府」について結論を得る必要がある。とりわけ、内閣総理大臣の個性的な政治的リーダーシップの発現を直接的に補佐する「首相府」の設置を急ぐべきである。また、とくに「内閣府」については、それが行政官の政府へのさらなる浸透につながって、それにより官僚的調整が一層強くなることのないよう、政治指導のための体制拡充と並行して整備することが重要である。

ところで、内閣法および関連法の改正は制度改革のワンステップに過ぎない。議院内閣制の本来機能を十全に発揮するためには、内閣総理大臣の政治任用に関する権限や行政組織編成権限などにかかわる改革課題が残されており、長期的には、現行内閣法の改正にとどまることなく、内閣法そのものを廃止し新たに「政府構成法(内閣等に関する組織及び人事等関係法)」のようなものを創設することも検討する必要がある。これにより、省庁に属するものであってもその官房機能の整備や政治任命職等にかかわるものについては政府の優先的決定事項として位置づけるものとなる。

内閣総理大臣の権限行使のための機構の整備等

①「首相府」および「内閣府」の設置

イギリスでは、内閣総理大臣の秘書機能と政策スタッフ機能、マスメディア関係のアドバイス機能、対外機能などを担う総合的な補佐機構を「首相府」として設置している。政策調整については日本の総理府に対応する「内閣府」が担当しているが、トップダウン型の積極調整や政策推進機能は「首相府」が主流となっている。

議院内閣制をとっている国々の補佐機構は総合調整型を超えて政策推進型に発達していっている。これに対して、日本の内閣官房はいまだ官庁間の消極的調整の段階にとどまっているというのが実状である。内閣総理大臣のリーダーシップを背景とした政策推進・積極調整の仕組みを確立する必要がある。総合調整をより効果的に推進し、行政の統一性と政治のリーダーシップをはかるため、内閣の首長としての内閣総理大臣の積極的な総合調整および指揮監督機能を補佐する「首相府」を設置する。

また、これと並行して、現行の総理府を「内閣府」に改組し、内閣主導による省庁間政策調整の補佐機構として拡充する。「首相府」がトップマネジメント機構として政治的意思にかかわる指示を出し、「内閣府」は政治的意思の実現のための補佐機構として機能する関係を構築する。両者の連携により、内閣総理大臣および内閣の政治指導が確保される。内閣府はまた、内閣総理大臣が主宰する「内閣協議会」の補佐を担当する。

②内閣または内閣総理大臣の最高の総合調整権としての予算編成権の取り込み

内閣総理大臣の指揮監督権は、行政のハイアラキーにおける最高の総合調整権力であることを明確にし、その最高の総合調整機能の発現でもある予算編成権を内閣の下に移行する。具体的に、予算編成方針の策定については内閣が行い、内閣総理大臣が統括する予算編成のための内閣協議会がその総括的な編成権限を行使する。

③行政機構の再編成に関する内閣総理大臣の権限の強化

イギリスは、成文憲法を持たず、行政組織編成に関する一般法・規格法である日本の国家行政組織法に相当する法律もない。省庁の設置についても、大蔵省・内務省の二省は何ら設置法すら持たない。これは、行政組織の編成については内閣が権限を有するとの考えにもとづくものである。ドイツの場合は、基本法第六五条によって、連邦首相に行政組織の編成及び管理に関する強い権限が与えられている。内閣総理大臣の指揮監督権および総合調整権限の発現をより効果的にするため、省庁等の行政機構の改廃に関する発議及び裁定の権限を内閣総理大臣に付与する。

④新官邸の整備と官邸機能の充実（危機管理および情報モニタリング・システムの確立）

内閣総理大臣の直接的な補佐機構たる「首相府」の設置が可能な官邸スペースを確保する。また、内閣の政策調整機能を補佐する「内閣府」と連結した施設構造とすることが必要である。将来的には、ニュージーランドのように内閣を構成する国務大臣が執務をとり、相互に会議を実施できるための庁舎を建設すべきである。

以上の外、高度情報システムを活用した官邸機能の整備をはかり、情報社会に対応するとともに、危機管理に即応できる情報伝達・情報収集機能を飛躍的に拡充する。また、日常的に行政各部の指揮監督のためのモニタリング機能を強めて、官邸の機動的な機能の充実に資するようにすべきである。

将来における「政府構成法（内閣等関係法）」の検討

日本の内閣制度及び内閣運営の主要な問題点として、議院内閣制の本来機能として期待されている「政治」による「行政」のコントロール機能が曖昧にされ、「内閣」が行政機関の一つであるかのように解釈されている点にある。

内閣は、外交交渉の展開や議会との折衝など「行政」にはとどまらない職務を遂行しているのであって、それは、行政という範疇を超えた存在として機能している。「内閣」が政治の領域に属する「執政」を担当するものであり、行政実務を遂行する官僚機構とはまったく異なるものであることを示している。そもそも、日本国憲法第六五条の規定（「行政権は内閣に属する」）は、内閣イコール行政の意味ではなく、行政は内閣に含まれる、あるいは内閣の指揮監督の下に置かれるという意味に他ならない。

ところが、これまで内閣は行政機関であるかのような解釈を受けてきた。このため、内閣の運営に対して直接責任を負う政党や議員の役割ともいうべき領域に「行政官」が配属され、政治の領域が著しく縮減されるという事態を招いて内閣および内閣総理大臣の政治的リーダーシップの機会を制約し、その政治責任を曖昧なものとしてきたことは否めない。

戦後の有力な行政法解釈は内閣と行政機関を一体のものとしてこれを一括し、「行政府」と呼んできたが、それは、戦前の行政法解釈が天皇と内閣および行政を一体として捉えて、政党政治を排除してきたことにも由来する考えである。こうした旧い思考を克服し、内閣およびそれを補佐する総称としての「政務官」が、政治の責任において行政をコントロールするという新しい思考による内閣運営の姿を追求していく必要がある。内閣は何よりも「執政機関」であり、その下で「行政機関」が設置され運営されるのである。

われわれは、「政」と「官」の間にこそ決定的な分離線があり、議院内閣制がその「政」の主導性を前提として成立しているものであることを改めて確認する必要がある。

現行「内閣法」そのものを「政府構成法（内閣等関係法）」に転換し、内閣総理大臣の行政組織編成権、内閣制度及び内閣運営に係る関連する政治任用等についての規定などをその中に取り込む。これにより、広く、内閣を構成する各省庁の政治任用についての規定などを設けることができる。

①議院内閣制に関する一般的事項と内閣に関する基本的事項の記述

内閣と政党との関係および内閣と議会との関係について一般的な規定を置き、議院内閣制下での内閣と行政との関係についても記述する。また、現行内閣法に規定されている内閣及びその補助機関に関する柔軟な規定を設ける。

②内閣総理大臣の首長としての権限の列記

首長たる内閣総理大臣と内閣との関係を明示する。その上で、首長たる内閣総理大臣が有する各種権限を列記する。具体的には、閣議の統括、基本方針の設定、行政組織編成権、予算編成権、国務大臣の任免権など内閣総理大臣の統括的権限の発揮を明確にする規定を設ける。

③行政組織法からの政治任用ポストなどの切り離し

現行行政組織法には政治任用職についても一般職の設置と一括して規定されているが、これでは、「政」と「官」の区分が曖昧となり、責任関係を不明にする可能性がある。内閣運営に責任を持つ「政務官」とその指揮の下に行政実務を処理する「行政官」との違いを明確にしつつ、前者の任用についての一般的規定を置く。

④大臣官房等に係る組織及び任用に関する一般的規定の設定

省庁の内部局設置や一般職員の配置数などのいわゆる行政機構問題と大臣の政治的補佐機構としての大臣官房など政府運営にもかかわる組織体制問題とを切断し、内閣の下での統一的な政府運営を可能とする仕組みとして、省議の構成および各省庁の大臣官房等に関する一般的規定を新たに設ける。

第四　政権の構造改革に挑むために

一　政府の構造改革のためのプログラム

この間の各種ヒアリングや文献調査及び委員相互間の論議、議院内閣制の先進国の訪問調査などにより次の点が明らかになった。

まず、日本の内閣制度の機構と運営の実態は、同様に議院内閣制度を採っているイギリスやドイツとは似て非なるものと言えるほどに、その違いが大きいという点がある。官僚組織をリードする首相および内閣を支える補佐機構のスケールや運用のあり方といった実体面の差違は当然として、根本的に、政治と行政の関係に関する思想に決定的な相異が見られる。

そもそも、「議院内閣制度は内閣を通じて政治がリーダーシップを発現するための装置である」という基本認識がその基盤にあって成り立つものであり、「最初に行政ありき」というわが国の内閣制度はこの点でいまだ異質と言わねばならない。この意味では、このわが国の現状は戦前の変形内閣制度の特質を戦後に引き継いだものと見ることも可能であり、その変換は体制転換にも等しい政治改革テーマである。

そもそも、内閣システムは、政治集団が官僚組織をコントロールするために、国会によって特別に設置された一委員会に他ならない。その権源は、従ってあくまでも国会にある。具体的に、国会は内閣総理大臣を指名することにより、内閣の構成を総理大臣に委任する仕組みとなっている。実際的には、議会において多数を占める政党もしくは政党連合から内閣総理大臣が選出され、政党(与党)とともに官僚組織を管理し、その政治的責任を負うことになる。

政府の構造改革への道は、たんなる制度改正によって達成されるものではなく、政党の自己改革と国会改革をともなって初めて実現できるものである。それらはまた、相応の準備と取り組みを必要とするものであり、政権政党としての道を追求する政党集団は、そのための具体的課題に次々とチャレンジしていかなくてはならない。

政治が行政を十分にコントロールする議院内閣制の本来機能を確立するためには、概ね、以下の四つのステージを通過することが必要となる。

①ステージ1　野党の段階における「政権担当型政党への進化」

まず、第一に、政党自体が政府の構造改革に挑戦し得る政権担当型政党への発展を遂げなくてはならない。政党はその政策形成機能を官僚に依存したり、たんなるイデオロギー集団にとどまることもなく、自立した政策集団を持ち、政府を運営するに足る組織力や経営能力を磨かなくてはならない。このため、内閣総理大臣となるべき政治家は、自らの周囲にそれらのマネジメントを担い、かつ組織的・継続的に政治的リーダーシップを発揮するための固有のスタッフ・チームを形成する必要がある。

ドイツやイギリスでは、野党は政権を獲得しそれを実際に運営するためのチームを早くから準備し、いわゆる総選挙に臨んでいる。それは、内閣総理大臣の補佐機構たる「首相府」や「内閣総理大臣官房」と同型の秘書機能、政策形成及び政策アドバイス機能、マスメディア関連のスタッフ機能、そして情報収集機能及び外交政策機能を兼ね備えており、そのまま、実際の政権運営を担当するほどの体制構築である。政権がなすべき政策（政権政策）もこの枠組みを通じて形成されている。そして、これらの政治指導体制が、政治による行政または官僚集団のコントロールを現実的なものとしているのである。

政権交代を求める野党は、そうした政権運営の担い手とシステムの確保に全力を挙げて取り組んでいく必要がある。

②ステージ2　現行法制度下における「最大限内閣」の形成と運営

第二は、現行法制度下での創意工夫ある内閣運営の実行、そのための与党と統合した最大限内閣の構成と政治指導体制の確保である。

国民はいま、静かではあっても、着実に改革を実行できる政府の登場を待ち望んでいる。この期待に応え、改革を担える統合された内閣の創出に努める必要がある。そのためには、内閣と政党との二元構造を維持して、政府の責任を曖昧にする現行の政治システムを変革し、内閣と政党が一体になって改革にチャレンジする政府のかたちを実現しなくてはならない。政府を担当する政党や政治的リーダーは、改革が困難であることの理由を現行制度の制約や議会の抵抗に求めて、その結果責任を回避するという姿勢を続けてはならないと考える。対議会関係や対政党関係はもとより、世論に対する対応もまた自らの任務として対処し、改革の実効性を発揮する必要がある。

インナーキャビネット方式の積極活用による迅速かつトップダウン型意思形成の展開、大臣補佐体制の拡充のための各種の工夫・改善や政務次官の職務の活性化、国会内における院内総務の体制整備と無任所大臣らによる議会与党と内閣の連結機能の充実などがこの段階で試行的に展開される。それと並行して、内閣法等の改正作業に着手する。

この間、確立された政党内における人材のリクルートシステム、すなわち、部会と連結する政務次官政策調整会議の実際的経験や国会内における院内総務および院内幹事らの政治調整技能の錬成、各種の補佐機構への組み込みなどによる政治調整訓練などを通じて政府運営の担い手人材の育成が進行する。

③ステージ3　内閣法等改正により拡充された「実力内閣」の構成と運営

第三は、内閣法等の改正による新たな内閣機構と運営体制確立の段階である。政権を担うことになった政党集団として、例えば、内閣総理大臣の政治的補佐機構の拡充、省庁間の消極調整から積極調整への転換、政府委員制度の廃止や副大臣制度の導入、政治任用可能な特別職枠の拡大などを通じて「政」が「官」をコントロールするにふさわしい制度基盤を確立する。最高の政治意思決定と経営判断および政治指導を可能とする組織体制の整備、具体的に「首相府」および「内閣府」の整備を進めて内閣および内閣総理大臣の政治的リーダーシップが十全に発揮されるようになる。すでに、第2ステップで育成された人材の配置がなされて、政治主導の政府運営の担い手も着実に確保される。

この段階では、内閣総理大臣の統轄の下、各閣僚は広義の政務官のサポートと専門官的スタッフの補佐を受けつつ、行政官および行政機関を指導する。国民に対しては、その政治責任がより明確な政府運営が実現する。また、これにより初めてその実現が可能となる政策上の改革課題を政治日程に挙げることができる。

④ステージ4　政権基盤の安定の上に築かれた「新しい政府」の確立

制度改革に加えて、政権を通じた総選挙の実施などを経ての安定的な政治基盤の確立を前提に、改革のための本格的な政府、「新しい政府」の実現である。

内閣総理大臣の政治的補佐体制の充実、内閣と政党の一体的運営の定着、総理と国民との直接対話の機会の保証など政府運営のシステムが安定的に確保され、本格的な中央省庁の再編成、地方分権改革の断行、情報公開制度の定着と開かれた政府運営、特殊法人の抜本的な整理改革などは、この段階で着手すべき政府の課題となるものである。

とりわけ、現在進められている中央省庁再編成については、たんなる数あわせ的なものにとどめることなく、地方分権や行政評価システムの導入などを取り入れた実効性ある改革へと組み替えていく作業を進める。しかし、そのためには「官」を制御し、政官癒着の構造からくる政治的圧力を排除して、改革のためのリーダーシップを行使できる強い政治意思と補佐チームの存在が不可欠である。

内閣もしくは政府の運営の改革は、それ自体を自己目的とするものではない。そのねらいは、政府が担うべき政策的改革課題に勇断をもって実際に取り組む政府の能力を確立することにある。第四ステージとは、それが現実となる段階のことにほかならない。

二　課題としての「政権担当型政党への進化」について

今日の議院内閣制は、与党たる政党が政府の運営を直接担当するという意味で、「政党内閣制」でもあると見ることができる。政府の構造は政権を担う政党がいかなる構造を有しているかによって大きく規定されることになる。

すでに指摘したように、「政権交代のある民主主義」を実現することが当面の第一課題である。しかし、政権交代によって新たな政府が誕生しても政府の構造が変わらず、政策の実行範囲もさして変化なく、相変わらず永田町近辺の政治駆け引きゲームで重要な物事が決定されていく仕組みをそのまま継続する場合と、政府の構造を変革し、国民に開かれた新しいタイプの政府の確立をもたらす政権交代の場合とでは、政治に対する国民の信頼や期待は大きく異なってこよう。

われわれは、日本社会が直面している様々な改革課題を先送りすることなく、これを着実に実行する「責任ある政府」の実現こそが、いま、国民の求めている政権交代であるとの基本認識に立っている。それには、先ず政権をとってからという姿勢ではなく、政府の担い手たる政党が自己改革にチャレンジし、新たな政権の実現とともに改革を実行しうる政治集団として進化させていることこそが当面の使命となる。すでに示した四段階の改革プログラムがこの政権政党への進化から始まっているのはこのためである。

われわれは、これらのことをイギリスおよびドイツの調査によって、実地体験として知らされることとなった。イギリスやドイツの事例に共通する最大の教訓は、政権担当能力のある党とは、たんに政権の座にある党であるとか、あるいは政権交代をはかりそうな政党ということではなく、政党が自前の政策産出機能をシステムとして内蔵し、かつ政権運営のための人材をリクルートし鍛錬する仕組みを確立しているということであった。

そしてまた、いずれの国のケースも、政党自体が幅広い自立的な社会基盤を持ちかつ強いリーダーシップの構造を有していることであり、また政党が傘下の議員を党の十分なコントロールの下に置いていることである。このことが、議院内閣システムを通じて、官僚制度をコントロールし、政府としての高い応答能力と明確な責任を発揮する前提条件となっている。

責任ある政治的リーダーシップの発現についてはとくに、首相候補者を軸に相互に強い信頼関係と高い専門能力とによって結合されたトップマネジメントのためのコアチームが野党のときから形成されており、それが首相の強い権限行使の政治的要件となっているという点が挙げられる。ブレアも、シュレーダーもともに、団塊の世代やさらに若い世代から成る強力なスタッフ構造を確立していた点で共通する。政策形成力、政治調整力、報道対応力、危機管理能力、イメージ戦略やアピール力のすべてのレベルがリーダーシップ行使のためのワン・パッケージとして用意されている。政権党となった段階で、これらのパッケージもしくはコアチームがそのまま内閣に移行することとなり、首相の政治的リーダーシップの発現は当然の流れとなる。

また、政党自身はその高い政策産出力を生かして強い影響力を確保し、官僚行政をコントロールすることを止めない。これらが、議院内閣制を文字通り政党内閣制として作動させるための決定的条件となっている。

以上の教訓を踏まえて、政権運営の力量を画するいくつかの課題を導き出すことができる。以下のテーマ(宿題)は、政権担当型政党のための「七つ道具」とも言うべきものである。われわれは、この課題の実行に向け、いま直ぐにも挑戦する覚悟と用意がある。

①独自の政策形成力およびシンクタンク機能の確保
②政党の統率力および政党マネジメント能力の確立
③首相候補者としての党首コアチームの形成と運営
④国民との対話を重視する政党マーケティング力の発揮
⑤優れた情報収集力と危機管理システムの形成
⑥候補者人材の調達と選挙における政党主導の発揮
⑦政権運営能力を培う人材リクルートシステムの整備

政治の活性化のために――むすびにかえて

民主党は「官主導」の政府運営を変革し、「民主導」の政府を実現することを基本目標として誕生した政党である。提言は、その具体的構想を提示するものであり、この提言を一つの素材として国民的議論が沸き起こることを強く期待し、ここに公表するものである。

われわれは、参院選挙直後の党内討議を経て九月に委員会をスタートさせた。以来、二七回におよぶ会合および研究会を通じて党内外からのヒアリングや委員会論議を行うと同時に、一一月には、議院内閣制の母国イギリスとヨーロッパ大陸系の議院内閣制を代表するドイツの二カ国に調査団を派遣して実態把握と比較研究に努めてきた。また、その間、実務者を中心に専門家との共同作業を進めるなどして提言のとりまとめに取り組んできた。

そして、われわれは間もなく、政府もしくは内閣の運営についての様々な考察の中に「政党」が登場してこないという奇妙な事実に気づいた。選挙で国民の多数の支持を得た政党集団が政府（内閣）を担当するということが議院内閣制の基本構造であるにもかかわらず、内閣はその成立とともに「政治」ではなく、「行政」の範疇にカウントされ、いつの間にか、政治と対峙する位置に置かれている。

日本では、長い間、政党が内閣を軸とする政府の中心に位置づけられることがなく、政府の中心には常に官僚がその座を占めてきた。その構造を正当化する考えが議会と政府を対立させ、行政を政党の関与や指導から遮断する「行政の中立性」であり、内閣を行政機関の一つであるかのように捉える伝統的法解釈であった。そうした構造の中では、常に責任が分散し曖昧にされ、ついには無責任な体制がつくられ、内閣総理大臣すら個性的な「人格」を有するものとしては現れず、「顔のない機構」へと押しとどめようとする力が働いてきた。

しかし、議院内閣制は現代のリバイアサンとも言うべき官僚機構を政治がコントロールするシステムに他ならない。われわれが、政党が内閣の中心を占め、与党たる政党に信任を与えた国民に直接責任を持つ政府の実現を提案したいと考え、議会によって直接選ばれた内閣総理大臣の個性的なリーダーシップが発揮できる政府の構造を探求したのもこのためである。

世界ではいま、二〇世紀末の新しい政策課題・地球規模の難題に直面し、これに創造的な姿勢でチャレンジする政治的リーダーの出現の時代を迎えている。アメリカのレーガンやクリントン政権、イギリスのサッチャーやブレア政権はその代表例である。今日、ドイツやイタリアなどの国々を含めた各国の指導者がいっせいに「第三の道」を模索しているのも、過去に先例を見ない政府の課題に挑戦する意志の現れにほかならない。

そして、いま、日本は、明治近代化以来の大転換のときを迎えている。内閣制度と内閣運営のあり方を変革するわれわれの提案はその大転換に対応する政治的リーダーシップを確立することに基本的ねらいがある。政府は日本と国民生活の将来に向けて確かな舵取り(ガバメント)をすることに本来の役割がある。

そのためには、第一に、国民の選択に基礎を置く政治の活性化が不可欠であり、国民が直接的に政府を選択できる政治主導の内閣を実現することが重要である。それは、まさに、民主主義の深化である。第二は、政治的リーダーシップの質を国際社会の水準に引き上げることである。内閣総理大臣がそのリーダーシップを十全に発揮できる仕組みを確立し、日本のみならず世界に対しても責任を果たす政府を確立することである。

明治維新期、日本の「立国」の原理をいかなるものとするかをめぐって激しい政争が続く中、福沢諭吉は、イギリスの議院内閣制こそ、民が力を持った時代にもっともふさわしい政治制度であるとして、次のように語っている。「大主義とは何ぞや、責任宰相、議院内閣の主義是なり。蓋し現今に於いても最も大切にして、最も大なる争は、我邦をして独逸流の帝室内閣にする乎、英国流の議院内閣にする乎の一点に外ならず。」

しかし、近代日本はこの後、政党を内閣から排除してゆく歴史を刻むことになるのである。どうやら、われわれは一周しただけなのかもしれない。いや、ここに新たな政府の歴史が開始されると見るべきなのかもしれない。

新しい日本をつくる国民会議（21世紀臨調）とは

平成十一年七月、財団法人社会経済生産性本部が母体となり、新しい日本をつくる国民会議（通称21世紀臨調、亀井正夫会長）が発足しました。前身はかつて政治改革の推進役を担ってきた政治改革推進協議会（民間政治臨調）。いま日本が数世紀に一度の歴史的な転換期に直面していることを踏まえ、国の基本をその根本から問い直すことを決意、経済界、労働界、学識者、報道界、自治体関係者など各界の有志に働きかけ、新しい国づくりにむけて活動を進めています。

一　21世紀臨調の活動方針（三つの再構築と世代交代の推進）

第一　憲法・基本法制の再構築

二十一世紀日本の「新しい国のかたち」の創造にむけて、①国の外交、安全保障、②国会、内閣、司法、地方自治などの統治機構、③国民の権利と義務など各分野におけるこれまでの政策や基本法制について、憲法のあり方にまで踏み込んだ一体的な見直しをおこなう。新しい時代にふさわしい憲法・基本法制の創造にむけて国民的な議論を喚起する。

第二　国民と政治とのあり方の再構築

新しい時代をになう政党、政治家のあるべき姿を追求し、その理想の実現にむけて政治家と国民の果たすべき役割と責務を再検討する。ことに、①政治の責任を確立し国民の選択を意義あるものとするための政治主導体制の構築、②政治に携わる者の人材の調達と育成、③政治家の政策・立法活動を支援するための国民サイドの体制の構築、④国民の視点にたった政治情報インフラの構築やネットワーク化を通じ、国民と政治との関係の根本改革を進める。

第三　国民生活(生きかた、暮らしかた、働きかた)の再構築

破綻と崩壊の危機に直面している地域社会、国民生活(産業、雇用、福祉、教育、環境、家庭など)について戦後以来の総決算をおこなう。これまでの日本人の「生きかた」「暮らしかた」「働きかた」を根本から問い直すとともに、生活を営む視点に立って国・自治体の制度・政策の根本転換を進める。

第四　世代交代の推進

これら諸改革の趣旨に賛同する超党派の若手議員を結集し、かれらの活動を国民の立場から支援し、連帯して活動する。政治の世代交代を進める。

二　会員名簿（平成十四年一月現在　※は幹事会メンバー）

会長／亀井正夫（社会経済生産性本部会長）、会員（以下、敬称略、順不同）／相澤光江（弁護士）、赤澤璋一※（世界平和研究所副会長）、秋山喜久（関経連会長）、芦田甚之助（連合総研理事長）、安藤俊裕（日本経済新聞論説委員）、飯尾潤（政策研究大学院大学教授）、飯田亮（セコム最高顧問）、石川正幸（全逓委員長）、伊藤眞（東京大学教授）、岩井奉信（日本大学教授）、後房雄（名古屋大学教授）、植草一秀（野村総合研究所上席エコノミスト）、上村武志（読売新聞政治部長）、宇治敏彦（東京新聞取締役論説主幹）、牛尾治朗（ウシオ電機会長）、内田健三※（政治評論家）、海老沢勝二（日本放送協会会長）、榎彰（東海大学教授）、老川祥一（読売新聞大阪本社専務取締役編集担当）、大田弘子（政策研究大学院大学教授）、大野重男（ハーモニィセンター理事長）、大宅映子（評論家）、岡澤憲芙（早稲田大学副総長常任理事）、荻野武士（鉄鋼労連委員長）、奥谷禮子（ザ・アール社長）、奥野正寛（東京大学教授）、小倉昌男※（ヤマト福祉財団理事長）、貝原俊民（前兵庫県知事）、金子仁洋（桐蔭横浜大学教授）、蒲島郁夫（東京大学教授）、神尾隆（トヨタ自動車専務取締役）、加茂利男（大阪市立大学教授）、川島廣守※（日本プロフェッショナル野球組織コミッショナー）、川島正英（地域活性化研究所代表）、川戸惠子（ＴＢＳ解説委員）、川人貞史（東北大学教授）、菊池哲郎（毎日新聞論説副委員長）、岸井成格（毎日新聞役員待遇編集委員）、北岡伸一（東京大学教授）、北川正恭（三重県知事）、北原鉄也（愛媛大学教授）、木下敬之助（大分市長）、木全ミツ（女子教育奨励会代表世話人）、清原武彦（産経新聞社長）、草野厚（慶応義塾大学教授）、草野忠義（連合事務局長）、工藤泰志（言論NPO代表）、グレン・S・フクシマ（日本ケイデンス・デザイン・システムズ社社長）、河内山大作（CSG連合常任顧問）、河野義克（東京市政調査会理事）、小島明（日本経済新聞常務取締役論説主幹）、小島宣夫（東北文化学園大学専務理事）、小島正興（前セコム顧問）、児玉幸治（日本情報処理開発協会会長）、小林収（日本経済新聞編集局流通経済部長）、小林一博（東京新聞論説副主幹）、小林陽太郎（富士ゼロックス会長）、近藤大博（日本大学教授）、今野由梨（ダイヤル・サービス社長）、坂田茂（共同通信情報システム局次長）、坂本春生（二〇〇五年日本国際博覧会協会事務総長）、佐藤功（上智大学名誉教授）、佐々木毅（東京大学総長）、笹森清※（連合会長）、椎名武雄（日本アイ・ビー・エム最高顧問）、柴田守（健康保険組合連合会参与）、島脩（帝京大学教授）、島田晴雄（慶応義塾大学教授）、清水春樹（国際労働財団特別顧問）、新藤宗幸（立教大学教授）、須網隆夫（早稲田大学教授）、菅沼堅吾（東京新聞政治部長）、鈴木勝利（電機連合委員長）、鈴木邦夫（東京新聞論説委員）、芹川洋一（日本経済新聞政治部長）、曽根泰教（慶応義塾大学教授）、髙木剛（ゼンセン同盟会長）、高橋進（東京大学教授）、高橋進（日本総合研究所調査部長）、高橋直樹（東京大学教授）、高橋寿夫（日本空港ビルデング取締役相談役）、田久保忠衛（杏林大学教授）、竹内文則（富士常葉大学教授）、竪山利文（連合顧問）、田中愛治（早稲田大学教授）、田中明彦（東京大学教授）、田中清行（四谷ラウンド代表）、田中宗孝（日本大学教授）、谷聖美（岡山大学教授）、辻中豊（筑波大学教授）、伝川幹（読売新聞編集委員）、津田淳二郎（NTT労働組合委員長）、津田正（地域総合整備財団顧問）、妻木紀雄（電力総連会長）、得本輝人※（国際労働財団理事長）、飛田寿一（共同通信論説副委員長）、外山衆司（産経新聞政治部長）、中前忠（中前国際経済研究所代表取締役）、長野和夫（産経新聞論説委員）、南雲光男（サービス・流通連合会長）、並河信乃（行革国民会議事務局長）、成田憲彦（駿河台大学教授）、西尾勝※（国際基督教大学教授）、橋本五郎（読売新聞編集委員）、服部光朗（JAM会長）、花岡信昭（産経新聞論説副委員長）、坂野潤治（千葉大学教授）、菱山郁朗（民間放送テレビ回線運営センター事務局長）、広瀬道貞（テレビ朝日社長）、福井秀夫（政策研究大学院大学教授）、福川伸次（電通総研研究所長）、船田宗男（フジテレビ解説委員長）、星浩（朝日新聞編集委員）、前田英昭（駒澤大学教授）、正村公宏（専修大学教授）、松本正生（埼玉大学教授）、宮内義彦（オリックス会長）、宮島洋（東京大学教授）、宮田義二（鉄鋼労連顧問）、三好正也（前経団連事務総長）、森本敏（拓殖大学教授）、薮野祐三（九州大学教授）、屋山太郎（評論家）、吉井眞之（造船重機労連委員長）、米澤進（千葉家庭裁判所家事調停委員）、与良正男（毎日新聞政治部副部長）、鷲尾悦也（全労済理事長）

※事務局はこちら

社会経済生産性本部　政治改革推進室「21世紀臨調事務局」
東京都渋谷区渋谷三丁目一番地一号　生産性本部ビル内
電話　〇三（三四〇九）二五〇九　FAX　〇三（三四〇六）九七三二
Eメールアドレス　nc21stcj@jpc-sed.or.jp

社会経済生産性本部とは

平成六年四月、生産性運動の中核として戦後の日本経済の自立と発展に貢献してきた財団法人日本生産性本部と、活力ある福祉社会の実現をめざして政策提言、国民運動を展開してきた社団法人社会経済国民会議が統合し、財団法人社会経済生産性本部としてスタートしました。現在、政治、経済、雇用、福祉、労使関係、経営革新、新都建設、交通政策、エネルギー・環境、情報化などの国民的課題に関する合意形成に向けて産業界労使の代表者や学識者などによって構成される一二の委員会・協議会を分野別に常設し、適宜設置される臨時の委員会とともに精力的な調査研究活動をおこない、国民各界各層への提言・啓発活動を展開しています。

また、日本のマクロとミクロ両面での生産性のさらなる向上につとめるとともに、企業や自治体などのさまざまな分野において、競争力のある真に顧客本位の経営体質、組織文化の実現にむけて「経営品質協議会」の事務局をにない、活動を展開しています。

平成十四年運動目標(平成十四年一月十日採択)

一 新しい国づくりにむけて国の基本の改革

われわれは、新しい日本をつくる国民会議(21世紀臨調)の活動を通じ、激変する内外環境の変化に挑戦しうる、国民の創意と元気あふれる新しい国づくりにむけて、国の基本をその根本から問い直す。ことに、国民一人ひとりが、統治主体として公を担い、この国の主人公として光輝くような希望のもてる新しい目標を創造する。そしてその実現を阻む旧来の制度や慣行を打ち破るべく、「国の憲法・基本法制」「国民と政治」「地域社会・国民生活」に関わる諸システムを一体のものとして改革する。そのためにもわれわれは、何よりもすべての国民に対し、世代や立場の違いを超えて「タブーなき自己改革」に取り組む決意をあらゆる機会を通じて訴えかける。

一　労働市場の構造改革と雇用安定の実現

われわれは、雇用問題がグローバル化しているとの前提のもとに、良好な労使関係の維持をはかりつつ、雇用・労働市場の構造改革と安定をめざす政策提案をおこない実践する。とりわけワークシェアリングの展開にむけて、具体的方策の社会的合意形成とその推進をはかる。また、産業・企業の枠組が大きく変わる中で、新しいワークルールの確立と労使協議の仕組みの構築に取り組む。さらに、日本的雇用慣行が激しく変容しており、この解決をめざして能力開発主義と成果主義の調和をはかる新たな人事賃金制度の理念を確立し、その普及と具体化をはかる。

一　経営革新を通じた生産性向上の推進

われわれはすべての活動において、経営品質思想を基盤とした生産性向上活動を展開する。とりわけ、激しい国際競争に直面している製造業においては知的資源の高度化を推進すべく、欧米に比べ脆弱とされる技術経営戦略の浸透、産学共同の推進等、より付加価値の高い技術開発体制構築の支援に取り組む。低生産性分野であるサービス業・中小企業・自治体等においては、サービス革新を支援するよう、IT（情報技術）を活用した新しいビジネスプロセスや知識マネジメントへの転換を促進する。また、自律と責任を明確にした人的資源の育成をめざして、新しい日本型の人材マネジメントシステムやリーダーシップの研究・普及を促進するとともに、学生も含めた国民の創業・ベンチャー意欲の醸成に全国規模で取り組む。

※ホームページはこちら　http://www.jpc-sed.or.jp
※21世紀臨調の提言・活動については社会経済生産性本部のホームページからアクセスできます。

編　者

新しい日本をつくる国民会議(21世紀臨調)

National Congress for the 21st Century Japan
http://www.jpc-sed.or.jp

政治の構造改革——政治主導確立大綱

2002年2月25日　初　版第1刷発行　〔検印省略〕

＊定価はカバーに表示してあります

編者© 新しい日本をつくる国民会議
発行者 下田勝司　印刷・製本 中央精版印刷

東京都文京区向丘1-20-6　郵便振替 00110-6-37828
〒113-0023　TEL (03) 3818-5521(代)　FAX (03) 3818-5514
E-Mail tk203444@fsinet.or.jp

発行所 株式会社 東信堂

Published by TOSHINDO PUBLISHING CO., LTD.
1-20-6, Mukougaoka, Bunkyo-ku, Tokyo, 113-0023, JAPAN

ISBN4-88713-428-2 C3131 ¥650E

東信堂

教材 憲法・資料集	清田雄治 編	二九〇〇円
東京裁判から戦後責任の思想へ〔第四版〕	大沼保昭	三二〇〇円
〔新版〕単一民族社会の神話を超えて	大沼保昭	三六八九円
「慰安婦」問題とアジア女性基金	大沼保昭・下村満子・和田春樹 編	一九〇〇円
なぐられる女たち—世界女性人権白書	米国国務省 有澤・小寺・鈴木・米田 訳	二八〇〇円
地球のうえの女性—男女平等のススメ	小寺初世子	一九〇〇円
借主に対するウィンディキアエ	S・I・ブルトゥス 城戸由紀子 訳	三六〇〇円
入門 比較政治学—民主化の世界的潮流を解読する	H・J・ウィーアルダ 大木啓介 訳	二九〇〇円
ポスト冷戦のアメリカ政治外交—残された「超大国」のゆくえ	阿南東也	四三〇〇円
巨大国家権力の分散と統合—現代アメリカの政治制度	今村浩・三好陽 編	三八〇〇円
プロブレマティーク国際関係	関下稔他 編	二〇〇〇円
クリティーク国際関係学	関下稔・永田秀樹・中川涼司 編	二二〇〇円
太平洋島嶼諸国論	小林泉	三四九五円
アメリカ極秘文書と信託統治の終焉	小林泉	三七〇〇円
刑事法の法社会学—マルクス、ヴェーバー、デュルケム	J・インヴァラリティ 松村・宮澤・川本・土井 訳	四四六六円
軍縮問題入門〔第二版〕	黒沢満 編	二三〇〇円
PKO法理論序説	柘山堯司	三八〇〇円
時代を動かす政治のことば—尾崎行雄から小泉純一郎まで	読売新聞政治部 編	一八〇〇円
世界の政治改革—激動する政治とその対応	藤本一美 編	四六六〇円
〔現代臨床政治学叢書・岡野加穂留監修〕		
村山政権とデモクラシーの危機	岡野加穂留・藤本一美 編	四二〇〇円
比較政治学とデモクラシーの限界	岡野加穂留・大六野耕作 編	四二〇〇円
政治思想とデモクラシーの検証	岡野加穂留・伊藤重行 編	続刊

〒113-0023 東京都文京区向丘1—20—6 ☎03(3818)5521 FAX 03(3818)5514 振替 00110-6-37828

※税別価格で表示してあります。